LAURE WYSS

Mutters Geburtstag

Notizen zu einer Reise und Nachdenken über A.
Ein Bericht

Limmat Verlag
Zürich

Im Internet
Informationen zu Autorinnen und Autoren
Materialien zu Büchern
Hinweise auf Veranstaltungen
Schreiben Sie uns Ihre Meinung zu diesem Buch
www.limmatverlag.ch

Umschlagbild von Klaus Born
Umschlaggestaltung von Sonja Rössler

© 1995/2004 by Limmat Verlag, Zürich
ISBN 3 85791 454 8

Inhalt

Jetzt sucht die Frau ihre eigene Wahrheit. Hat sie sich nicht oft damit beschäftigt, was die andern taten, was sie dachten, wie sie redeten, dabei vergass sie sich selbst, liess sich liegen wie ein zerknülltes Taschentuch, las sich nicht mehr auf. Jetzt fragt sie nach verlegten Dingen, nach verlorengegangenen Wörtern, sie will wissen: wie war es, wie war es wirklich, wie, zum Beispiel, war es mit dem Kind. Die Frau will sich der Erinnerung erinnern.

Barcelona, am ersten Tag

Im Halbkreis vor der Kathedrale, den Erklärungen des Reiseführers lauschend, sahen sich die Touristen zum erstenmal ins Gesicht. Es war ganz anders als beim Vorstellen vor ein paar Stunden auf dem Flugplatz, vor der Abreise. Da hatte man seinen Namen genannt, deutlich, wenn man höflich war und es dem andern leicht machen wollte, oder aber rasch hingeworfen, als wäre es doch selbstverständlich, dass man der oder die sei. Seinen Namen vor sich als Schild, auch als Schutz, man hatte ihn vorher dem Reisebüro angegeben, er war auf eine Liste gekommen, dazu eine Nummer, in der Reihenfolge der Anmeldungen. So war man ausgewiesen, markiert, die Akademiker mit Titel und natürlich Herr und Frau Dr. H. Nur Giovanna, die allein reiste, hatte alle drei Titel ihres Ehemannes bewusst zuhause gelassen. Und wenn sie von denen, die sie kannten, trotzdem damit angeredet wurde, führte sie kleine Gefechte aus, dass man sie doch bitte mit ihrem Familiennamen rufe. Dabei gab sie, wie sie mir am zweiten Abend berichtete, eheliche Gründe für diese Reise an; geh schauen, wie es ist, habe ihr Mann zu ihr gesagt, wegen eines Hüftleidens sei ihm das Unternehmen im Augenblick zu beschwerlich, später machen wir dann, mit deinen Hinweisen, die Reise zusammen. Das sagte sie auch unumwunden allen andern, mir aber dann zusätzlich, die Reisekosten bezahle sie aus eigener Tasche, sie habe Unterricht gegeben, Geld verdient.

Ich war Nummer zehn. Stand da, hatte angegeben, dass ich an Schlafstörungen litte und ein Einzelzimmer haben müsse. Man glaubte mir das ohne weiteres, und bei der ersten Zimmerzuteilung, als entweder Giovanna, Hedwig oder ich auf das Alleinschlafen verzichten mussten, weil für drei Einzelansprüche nur ein Einerzimmer zur Verfügung stand und sich zwei zusammentun mussten, erklärte Giovanna bestimmt, mit Hedwig das Zimmer teilen zu wollen; zu meiner Schonung, das war mir klar. Sah ich so alt und hinfällig aus, war meine Reaktion, weil der Sieg so leicht war und ich mich so sehr einer Unterdrückung angepasst hatte, auf die man mit Maulen antworten konnte.

Alle waren aufmerksam, zusammengerückt vor der Kathedrale der Santa Eulalia, drehten sich nach dem Zeigefinger Don Antonios, folgten ihm weit zurück in die Geschichte der spanischen Könige. Don Antonio redete flink, setzte von einem Jahrhundert ohne Absatz ins nächste über, wechselte von Geographie zu Wirtschaft in unveränderter Stimmlage, streute auch Architektur ins Ganze und eine Prise Sitten und Gebräuche. Seine Rede hatte immer etwas Geschmeidiges, obschon Don Antonio der umfangreichste Mensch war, den ich bisher getroffen hatte. Es war auch, wie eine Abschirmung, immer das Fettpolster zwischen ihm und den Dingen; sein Gewicht aber schien er leichtfüssig zu tragen, schob es mit Eleganz auf den Sitz neben dem Chauffeur, parfümierte sich, wenn es heiss wurde, derart, dass jede Körperausdünstung überrundet, er nie zum Ärgernis wurde. Erst am vierten Tag merkten wir, was für eine empfindsame Seele in diesem dicken Menschen schlummerte: seine listigen Äuglein, sonst Beifall heischend, wurden dann glanzlos und schienen den Tränen nahe, wenn allzu direkte, zu laute Fragen ihn erschreckten.

Wir wanden uns dann durch die Gassen Barcelonas, hinter Don Antonio her, überliessen es dem Zufall, wer mit wem die Treppen hinauf oder hinunterstieg, wer eine Unterhaltung mit dem nächsten Unbekannten aufnahm. Sachkundige Bemerkungen zu Höfen und Brunnen fielen nur vereinzelt, man merkte noch nicht, dass Giovanna wohlvorbereitet war, sich alles angestrichen hatte, was sie sehen wollte, was wert war, angeschaut zu werden. Nur Paolo, Signor Paolo, unscheinbar neben den mehr ins Auge fallenden Figuren, ein älterer Herr mit feinen Zügen und angenehmen Gesten, gab unumwunden zu, dass ihm Picasso nicht liege. Er sei ein Kenner der italienischen Manier zu malen, er bekannte sich auch zu Böcklin, Chirico sei in einzelnen Bildern zu ertragen, aber mit der Schmiererei der Modernen könne er nichts anfangen. Er kam trotzdem mit, um sich die Picasso-Sammlung von Jaime Sabartes an der Calle de Montcada anzusehen, obschon der Besuch freiwillig war und man, ohne aufzufallen, einen Kaffee hätte trinken können. Don Antonio jedenfalls führte uns nicht bis zu den Tauben dieses Kommunisten, er war nur um die Eintrittskarten bemüht und sagte, auf die Minute genau, wann wir uns wieder treffen würden.

Abends dann, im Hotel, erschienen die Herren im Sommeranzug, die Frauen in geblümten Kleidern, eine Kette um den Hals, aber es war noch nicht ihre beste Garderobe, die blieb bis zum dritten Tag, bis zum Erstklasshotel, im Koffer. Giovanna brachte es fertig, ihr zauberhaftes Kleid aufzubewahren bis zum neunten Tag, zum Höhepunkt der Reise, als wir den Pilgerort, dem wir zustrebten, erreicht hatten: Erst in Santiago de Compostela würde sie gestehen, dass sie ein baumwollenes Abendkleid mit schräg genähten Bordüren, das ihre schlanke Figur besonders gut zur Geltung brachte, aufgespart hatte, um sich in ihrer raffinierten Schönheit zu offenbaren. Aber am ersten Abend entschied sich gesellschaftlich etwas, das hielt bis zum zehnten Tag; die Ehepaare waren festgefügte Blöcke, die sich den Tisch, der ihnen passte, beim Betreten des Speisesaals aussuchten und ganz offensichtlich zuvor unter sich

11

verabredet hatten, mit wem sie sich diesmal zusammensetzen wollten. Während die einzelnen sich immer nur zögernd einer Situation anpassten, fragten, ob es recht sei, bevor sie sich setzten. Nur Signor Paolo mit den schönen Gesten bewegte sich so, wie er sich wohl im eigenen Hause als Gastgeber benommen hätte, er lud ein, ohne zu zögern, bat die Schüchternen zu sich, bestellte den Wein, sorgte, dass es allen gut ging, freute sich, wenn ein Abend gelang und alle heitere Gesichter zeigten.

Mich beschäftigte, was hinter den Gesichtern war, die ich mir vor der Kathedrale angesehen hatte, die interessiert, mit leicht geöffneten Mündern, noch nichts verrieten, nichts von sich, nichts von dem, was sie liebten, was ihnen zuwider war, was sie verachteten oder sie über alle Massen ängstigte. Wussten sie es selbst? Sie waren verborgen hinter ihren Namen, ihren Titeln, sie hatten es jedenfalls zu etwas gebracht, sie gönnten sich diese Reise, die eine Bildungsreise war, hatten dafür viel Geld bezahlt, waren gewandt in lässig sitzender Reisekleidung, die Fototaschen gefüllt mit auswechselbaren Objektiven, spanische Redewendungen gingen ihnen glatt von den Lippen, vielleicht hatten sie repetiert, was auf früheren Spanienreisen eingeheimst worden war.

Für mich wars eine Pflichtreise, ich war Nummer zehn der zwanzig, ich forschte in den Gesichtern, wollte mehr wissen, entdeckte, dass ich mein eigenes nicht kannte. Abends las ich: «Was nach meiner Ansicht die Beziehungen zwischen den Leuten verfälscht, dass jeder in bezug auf den andern eine geheime Ecke seiner selbst versteckt halten möchte, versteckt nicht gerade für alle, aber für jene, mit denen er gerade spricht. Ich glaube, dass die Transparenz jederzeit das Geheimnis verdrängen sollte, und ich sehe den Tag kommen, an dem zwei Menschen keine Geheimnisse mehr zwischen sich haben werden, weil das subjektive wie das objektive Leben offen *daliegt. Es ist unmöglich, dass wir unsere Körper ausliefern, wie wir es gegenwärtig tun, und dass wir dabei unsere Gedanken verstecken, denn für mich gibt es zwischen dem Körper und dem Bewusstsein keinen wesentlichen Unterschied.» (Jean-Paul Sartre in einem Interview mit Michel Contat, 1975)*

1

Die Entlassung

So geht's, succede così, sagt Frau R. aus San Tommaso, unweit von Bozen. Sie trägt ihr braunes, ins Rötliche schimmernde Haar gescheitelt und ganz glatt am Kopf, hinten fest geknotet; sie ist sauber, korrekt und stets in feiner bescheidener Haltung. Jetzt trägt sie Schwarz, vom Kopftuch bis zu den Schuhen, weil ihr Vater kürzlich gestorben ist. Beim Reden sind ihre Handbewegungen immer so genau, wie ihre Art des Aufräumens, des Wegräumens und Putzens bestimmt und genau ist.

«Sie sind auch eine Mamma, Sie verstehen das», sagt Frau R. oft entschuldigend zur anderen, wenn sie ins Erzählen gerät. Sie sitzen zusammen am Küchentisch, Frau R. faltet die Schürze, grenzt eine Biegung ab, macht einen rechten Winkel, überschlägt das Ganze auf die andere Seite und erklärt, dass so die Balken ihres neuen Hauses unter dem Dach vorstossen, wie der Stoff auf dem Knie es zeige, und dass es an den Balkenenden Verzierungen gebe nach dem Muster, das Graziano, der ältere der Söhne, gezeichnet habe.

Auf diese Weise ist in den vergangenen Monaten in der Küche der Frau das italienische Haus durch die Worte von Frau R. entstanden, nach jeder Reise der bauenden Familie ein Stockwerk mehr: Unten, also, zu ebener Erde, werden die Alten wohnen, Küche, Wohnzimmer, Schlafzimmer. Im ersten Stock gibt's mehr Räume, auch ein Kinderzimmer, das geht direkt auf

14

den Balkon. Im zweiten Stock dasselbe. Je eine Wohnung für je einen Sohn. Die Frauen, die die Kinder werfen werden, existieren vorläufig nur in der Phantasie der Mutter. Sie lächelt: «Man weiss nie, bis jetzt sind sie brav, die Söhne.» Es ist zu hoffen, dass im richtigen Augenblick die Bravheit weggehen wird und der Grundriss sich dann als gegeben erweist. Das grösste Haus im Dorf werde es sein, meinte neulich Herr R., wie ein Palazzo.

«Signora, Sie bedienen mich», sagt Frau R. indessen, lässt es gern geschehen und schneidet das ihr auf den Teller gelegte Fleischstück in kleinste Bissen. Überhaupt, nie habe die Signora geschimpft mit ihr, und reden könne man auch. Die Frau überlegte bei sich, für wen würde ich lieber kochen, wem lieber eine Scheibe Fleisch auf den Teller legen? (Denn es ist doch so, dass sie ihr Leben lang davon träumte, andern Essen zu reichen an ihrem Tisch, Angehörigen und Vertrauten, die ihre Speise mögen, immer wieder zu ihr zurückkommen, mit ihr reden, sie gern haben, von der Güte des Gebotenen überzeugt sind. Jetzt sitzt sie oft allein in der Küche, die Geschirrbeigen stehen unbenützt, die Teller bleiben leer.)

Als Gegengabe bringt Frau R. manchmal etwas Käse mit aus dem Trento, eine Flasche Wein oder Äpfel, gelbe, grosse.

Wieviele Stunden hockten die zwei schon zusammen, tranken Kaffee oder assen, nie fehlte das Glas Wein. Den letzten Schluck giesst Frau R. immer in den Kaffee, das stärke, sagt sie und nimmt drei Stück Zucker, beim zweiten Stück setzt jeweils die Entschuldigung für diesen Luxus ein.

Viele Stunden, viele andere Wege. Die der Kindheit

15

der Frau R. nur leise angetönt. Das Leben fing an, erinnert sich diese, als für die erste Stelle in der Fremde die Hutte gepackt wurde, eins ums andere zählend legte die Mutter die Aussteuer hinein für das Mädchen von vierzehn Jahren: Unterwäsche zum Wechseln, das bessere Kleid. Das Grüpplein wanderte los, einige kannten den Weg, es ging über Pässe, die Tuchschuhe trafen auf Schnee, die Füsse schmerzten, das Heimweh hatte eingesetzt, kaum waren die Häuser des Dorfes dem Blick entschwunden, die Furcht vor dem Unbekannten war gross. Aber da war auch die Neugierde der Vierzehnjährigen, sie sah, dass der Passweg schön war, dass im Hochtal Blumen blühten und der Abstieg neue Aussichten erschloss. So also sah sie aus, die Welt, erlebt das Mädchen, und in einem Gasthof seien sie auch eingekehrt, nach acht Stunden Marsch.

Vom ersten Sündenfall der Frau R. hat die Frau auch gehört in ihrer Küche, dieses eine Mal freilich nicht mitleidend, vielmehr amüsiert applaudierend, denn da schien der erste Aufstand der jungen Lina R. stattgefunden zu haben, damals nämlich, als Lina hungerte in Diensten bei einer Mailänder Familie, die sich im Krieg aufs Land zurückgezogen hatte.

Lina musste eines Tages einen Schinken in die Stadt bringen, aber dann, in der leeren Wohnung ihrer Brotgeber, die schlechte waren, schnitt sie sich ein Stück vom Schinken ab, ass das Fleisch für sich allein, im Unrecht, aber trotzig.

Eine Zusammenfassung, die Wahrheit aus dem Leben der Frau R.?, überlegt die Frau. Drei brave Kinder, ein Mann, der trinkt und krank ist, dreissig Jahre dienen in der Fremde, weil das Vaterland einen nicht ernährt, als Sklaven in der Schweiz, man hatte Angst vor der

16

Polizei, duckte sich vor den Arbeitgebern, man sparte, rackerte, legte zusammen, will nun wieder heim, baut sich ein Haus.

Wieder faltet Frau R. die Schürze, grenzt ab, winkelt den Stoff, die Dachkonstruktion sei so. Und schön.

Die Frau bleibt in der Küche zurück, nachdem Frau R. fertig gebügelt hat (sogar Gestricktes und das Frottierte entgeht dem flinken Eisen nicht, aber die Frau wehrt sich schon lange nicht mehr gegen diesen Übereifer), und sie freut sich mit, dass Streben und Sehnsucht sich nun im Haus des heimischen Dorfes erfüllen.

Aber manchmal bleibt sie leer und auch ein bisschen hilflos zurück, die Frau. Sie überlegt sich, was für ein Haus sie selber hätte bauen wollen für ihren Sohn, nach welchem Längenmass, nach welcher Breite und Höhe. Warum kann sie nicht aufzählen, was sie geschaffen hat und mit einer Geste zeigen, wie ein gutes, ein erträumtes Dach auszusehen hätte? Sie kennt nicht einmal den Grundriss, nach dem sie sich gerichtet hätte.

Kürzlich sah sie ihren Sohn über einen Platz in der Nähe ihrer Wohnung, wo das Kind aufwuchs, wegeilen. Er sah sie von weitem, winkte, grüsste, bedeutete, dass er keine Zeit hätte zum Stillstehen. Die Frau winkte zurück, dass auch sie es eilig hätte, dass in einer andern Richtung eine Beschäftigung auf sie wartete. War sie nicht ein wenig traurig, dass der Sohn keine Zeit hatte für seine Mutter, aus einem andern Haus kam als dem ihren, einem Ort zustrebte, der sie nichts anging? Die Frau war im Gegenteil einen Augenblick lang sehr glücklich, stellte sie fest, denn der junge Mann gefiel ihr, sie fand ihn schön, aufrecht gewachsen, geschmeidig, sie war auf einmal stolz darauf, dass sie den Sohn ohne Wehmut davoneilen sah. Nun fragt sie sich, nach diesem flüchtigen Vorbeigehen, wieder einmal, was sie eigentlich erstrebt hatte, als das Kind klein war und sie sich sorgte und sich kümmerte, als sie alles anordnete und dirigierte, es vor Unfall bewahrte, Krankheiten die Stirn bot, schlechtes Betragen auszuschalten suchte, später schlechte Noten bekämpfte, als sie sich täglich neu für einen geordneten Haushalt kräftig einsetzte, sich auch zur Wehr setzte gegen Einbrüche von aussen, die die Ruhe des Kindes hätten stören können. Wo nahm sie eigentlich die Sicherheit her, gerade *die* Ordnung als notwendige Ordnung anzusehen, da sie sich doch nie ein Haus vorstellen konnte, das später aufgestellt würde für das Kind. Nicht einmal ein Zimmer; und das Zelt vermoderte im Keller.

Wie eifrig strebte sie doch immer danach, das Kind vor Steinwürfen zu bewahren, wie beflissen setzte sie ihre volle Leiblichkeit ein, damit es nie geschlagen würde; sie hatte auch noch Angst, als der grosse Knabe sich am Tumult auf der Brücke beteiligte, sie kam in Panik beim Gedanken, dass er der Heftigkeit von Wasserwerfern ausgesetzt sei, und musste doch heimlich hoffen, dass er zu denen gehöre, die einen Pflasterstein werfen, zu denen, die gegen die geharnischte Phalanx Widerstand leisten, die Demonstration zu Ende führen.

Hier nun unterbricht der Reporter und stellt Fragen. Er möchte wissen, was passierte, als das Kind auf die Welt kam. Wie hast du dich damals verhalten, was wünschtest du dir, was hast du dir vorgestellt? Berichte genau und weiche nicht aus. Mich interessiert auch, inwieweit ein lebhaftes, ein reizendes, ein begabtes Kind auf dich zurückwirkte und dein Leben während zwanzig Jahren veränderte. Täusche dich nicht und berichte, gib Auskunft. Weiche nicht in Sentimentalitäten aus. Es ist ganz einfach, das Kind lag im schmalen Bettchen und die Alimente, die aus der Ostschweiz eintrafen, betrugen 150 Franken. Dazu kam das Zeilenhonorar für Geschriebenes. Tapfer war das Adjektiv, das die Umgebung mir austeilte, davon hat man wenig.

Gib zu, dass du zunächst auf den Augenblick hin lebtest, bis der Vater das Kind sähe, dich lobe, sich mit dir freue, du also das Bündel stolz vorzeigen könntest.

So war es. Aber auch, dass der Vater des Kindes den hohen Augenblick verpasste, verlegen lachte, aber sich sofort auf sein Geschlecht verliess und fragte: bist du sicher, dass es ein Männchen ist?

Zaragoza, der zweite Tag

*Die Beflissenen der Gruppe, nämlich Giovanna und Hedwig,
hatten am Abend zuvor noch die Ramblas besucht, auf eigene
Initiative. Ich hatte keine Lust mehr auf Entdeckungen, liess
es bei der Erinnerung bleiben, dachte, wie schön es gewesen
war, vor Jahren, unter den Platanen zu flanieren, zu plau-
dern, unter den vielen fröhlichen Menschen sich auf und ab zu
bewegen, und wie breit und behaglich die Boulevards sich
ausdehnten. Und dass der Sohn, als er so gewaltsam von
seinem Herkommen, von seiner Mutter sich getrennt hatte, im
Bauch der «Donizetti» ausfuhr, um sich und Südamerika zu
entdecken, vom letzten europäischen Hafen, den sein Schiff
anlief, von Barcelona, seiner Mutter einen Gruss schickte, er
habe in der Altstadt das Picasso-Museum besucht. Da hatte
ich mich ein bisschen geschämt, weil das doch eine Antwort
bedeutete auf die Anregungen in der Kindheit, und ich hatte
geglaubt, ich müsste dem Wegziehenden ein Telegramm nach-
schicken, ihm bedeuten, dass ich ihn begleite mit guten Gedanken und Geld, wenn nötig.*

*Die Einzelherren der Gruppe erzählten nichts von ihrem
nächtlichen Ausgang, aber dass sie nicht früh ins Bett gegangen
waren, das gaben sie gern bekannt. Alle waren darauf bedacht,
am zweiten Tag pünktlich mit dem Koffer dazustehen, waren
auch bereit, ihn zu schleppen, einen öffentlichen Bus zu
benützen, Unbequemes auf sich zu nehmen, weil wegen eines
Streiks unser Touristenbus aus Madrid nicht in die Stadt hatte
hereinfahren können. Immer, wenn unser Gepäck in einer
Reihe stand, in einer Hotelhalle, vor dem Verladen auf dem*

Trottoir, zählte jeder sein eigenes, regte sich auf, wenn von seinen zwei Stücken noch eines fehlte, stiess seinen Partner an, sich doch bitte darum zu kümmern. Reiseführer Sepp selbst, in kurzer Lederjacke, jeden Tag andersfarbig assortiert, hatte uns zu dieser Kontrolle aufgefordert. Er zeichnete verantwortlich dafür, dass die Touristen zufrieden sind, dass sie von der Reise herausbekommen, was sie an Erwartungen einzahlen. Ich habe nichts einbezahlt, ich werde gratis mitgenommen, deshalb will ich keinen Ärger machen, immer pünktlich und zufrieden sein, mithelfen, dass das Reiseklima immer das bekömmlichste bleibt für alle. Ich denke, dass alles sehr gut gehen wird, versichere ich Sepp, zutunlich, weil ich mich schon vor der Kathedrale dafür verantwortlich fühlte, dass es meinen Mitreisenden gut gehe. Sepp warnte mich vor zuviel Optimismus, es werde sich weisen, und ich ärgerte mich wieder einmal über meine üble Angewohnheit, mich für das Wohlergehen der Anwesenden zur Rechenschaft gezogen zu fühlen.

Ich beschliesse, diese Reise ganz für mich zu buchen, richte mich auf Platz Nummer zehn im Autobus ein, muss den schönen Nachbarn nicht unterhalten, denke nicht daran, dass die auf den Sitzen hinter mir noch mehr gerüttelt werden.

Don Antonio, der wollte, dass man ihn einfach Toni nennt, mit dieser Annäherung aber keinen Erfolg hatte, macht darauf aufmerksam, dass das fruchtbare Katalonien bewässert werde nach einem System, das arabischen Einfluss aufweise, dass, dort, der Ebro der einzige grosse Fluss Spaniens ist, der ins Mittelmeer mündet, und dass auch die Namen, wie zum Beispiel eben jetzt Alfajarin, daran erinnern, dass Araber bis hierher vorgedrungen seien. Diese Auskünfte gibt er sichtlich ungern übers Mikrofon, Heldentaten seiner aragonischen Könige fliessen ihm leichter von den Lippen. Von Giovanna lerne ich, dass Mohn auf spanisch «amapola» heisst, das sei der rote Mohn, am Wegrand sichtbar, es gebe dann noch ein anderes

Wort für Schlafmohn, nämlich «adormidera». Giovanna weiss alles, sagt im richtigen Augenblick das Richtige, ich bin froh, Neues zu erfahren, ich schreibe die beiden Wörter für Mohn auf. Wir nähern uns Zaragoza, dort werden wir die Fresken von Goya zu entziffern suchen. Wir haben uns auf die Reise eingestellt, uns aufeinander eingerichtet.

Ich lese abends in meinen Notizen und verstehe den Satz: «Denn das Leiden zugeben, heisst, die Schöpfung und Freiheit beginnen.» (Robin Morgan, «Monster», 1972, NY, zitiert nach Janssen-Jurreit.) Sollte die Reise in ein freies Land führen?

2

Seeland und das End der Welt

Plötzlich wölbte sich der Himmel der Kindheit über mir. Ich konnte ihn wahrnehmen in seiner fernen Bläue, er war licht und unbelastend. Er war einfach da. A. hatte ihn inzwischen vergessen. Sie hatte immer das Gefühl gehabt, sie sei ihm entlaufen, unter ihm weggerannt und sei ihm untreu geworden. Zuviel Ungerades, zu viele Quersprünge habe es gegeben, dachte sie, und soviel Ungereimtes lasse sich nicht anknüpfen an die Tage im Lichte des Sees, an die Wärme eines Kindersommers und die Spiele auf der Laube der Grossmutter.

Jetzt aber war sie für einmal zurückgekehrt, war über die Matte gegangen, an den Haselbüschen vorbei und hatte sich auf die Bank gesetzt am «End der Welt». So hiess das Gasthaus. Es war aber ihr Geheimnis, dass hier wirklich das Ende der Welt war, nämlich alles erreichbare Glück; man musste hier ankommen, um in Vergangenem lesen zu können. Man war geborgen unter den Bäumen am End der Welt. Von hier gings nicht weiter. Nur ein Feldweg führte zurück. Die Holztische waren kräftig gebaut. «Santé», sagte die Serviertochter und stellte die Karaffe mit Rotwein hin. Es war an der Zeit, sich mit dem Mädchen A. auseinanderzusetzen und seinen Fahrten auf dem Velo durchs Juratal. Bitte genau nachdenken, und lass dir nicht zuviel durch die Maschen gehen.

Also A. war, zum erstenmal seit ihren Jugendjahren,

am Ort gewesen, wo sich ihr Elternhaus befand. Sie stand am Gartentor, hielt die Stäbe umklammert und schaute auf das Bernerhaus, das ihr nun viel zu schmal vorkam für seine Höhe. Das Dach, das mehr vorgab, als es hielt, hatte sie schon früher geärgert. Das Gartenhäuschen wirkte schäbig, und zu kleinlich geraten waren ja auch damals die Einladungen, die dort abgehalten wurden, immer hatte es Krach gegeben, bevor die Gäste kamen, die Vorbereitungen waren für die Mutter immer eine Belastung gewesen, gereizt hatte sie uns Kinder und den Vater zur Hilfe angetrieben, nichts als Mühe habe man mit diesem Haus, nur Last und Sorgen. Aber da war noch der Garten, in dem der Vater gewerkelt hatte, der Vater, der so froh war, wenn man ihm half, die Hacke reichte, mit der Baumschere umging, das Unkraut zusammenrechte. Er lobte auch A.'s Geschicklichkeit, seufzte aber, dass sie nicht über lange Strecken anhielt, ja, Durchhalten, Ausharren, «persévérance» ist deine Stärke nicht, liebes Kind. Dagegen war A. immer zu haben für Spaziergänge mit dem Hund, schreckte nie davor zurück, im ärgsten Wetter mit ihm im Wald zu laufen. Hatte man die Sonne gespürt, die hell über dieser Landschaft schien? So am Gartentor erinnerte sich A. vor allem an die Gereiztheit der Mutter, an die Ängstlichkeit und ihre ewigen Vorbehalte, wenn die Kinder etwas unternehmen wollten. Die Angst vor den nervösen Ausbrüchen der Mutter lag als schwarze Wolke über den Tagen in diesem Haus.

Weg, dachte A. und verstand, dass sie davongelaufen war vor vielen Jahren, aufgebrochen zu eigenen Taten und Untaten. Aber doch noch rasch die Wege zum Waldrand hin, zu den Lebhecken und Mäuerchen; und zum Entzücken, am hellen Wiesenbord den Kalkfelsen wiederzufinden, der zwischen Blumen und Gräsern und Büschen durchbricht. Das gibt's nur hier, behauptete A. auch, dass zwischen den Tannen Eichenbäume stehen, das ist das südliche Gehabe dieses Waldes.

Die Besinnung auf der harten Bank im End der Welt wurde unterbrochen. Die Banknachbarin hatte die schwärmerischen Erinnerungen A.'s nachvollziehen können, sie liebte diese Landschaft auch, kannte die Linde beim Waschhaus vorn im Dorf, sprach die Sprache des Ortes, wunderte sich aber, dass A., anscheinend hier so verwurzelt, nie daran gedacht hatte, sich ein paar Quadratmeter Grund anzueignen, hier zu wohnen auf dem Erbe, meinetwegen, oder, wie die Schwester, wenigstens ein Ferienhaus zu besitzen für die Kinder und jetzt für die Kindeskinder.

A. schüttelte den Kopf, der Gedanke war ihr überhaupt nie gekommen, war ihr so fremd, wie das Haus der Kindheit ihr fremd und düster war, wie die einengenden Konventionen, die wie eine Haube über Wünsche und Pläne gestülpt worden waren.

Zum Ersticken.

Aber ein Traum hatte A. an den Ort zurückgeführt, wo sie aufgewachsen war und von dem sie sich mit Heftigkeit getrennt hatte, um ein, ihrer Ansicht nach, wacheres und besseres Leben zu finden. (Vielleicht hatte sie alles auch nur aus Neugierde hinter sich gelassen, weil sie neue Länder sehen wollte; und sie hatte geglaubt, man erobere sie sich nur, indem man Bande zerschnitt, ein für alle Mal.)

Im Traum befand sie sich im Innenraum einer Moschee, im Wald der regelmässigen Säulenreihen, Sammlung und Andacht unter der Kuppel. Hier musste man sich auf die Matten niederlassen, um gleich zu sein wie die andern, die Stirn in Verehrung auf die Erde gedrückt; kennte man doch die arabischen Gebete, welche die Gläubigen murmelten! A.'s Moschee war ihr im Traum kein Trost, sie musste hinaus auf den Markt, mit vielen andern Menschen, Gassen hinauf und hinab, es war ein Durcheinander, die Richtung ging verloren vor Geschäftigkeit, der Name des Ortes war A. entfallen, einfach abhanden gekommen; dann gingen auch die andern weg, verloren sich im Gedränge, jeder weitere Anschluss schien unmöglich. A. wusste sich nicht anders zu helfen, als in die Moschee zurückzukehren, einen Onyx mit der Hand zu berühren, im Glauben, es sei die Weisheit der Kaaba zu erfahren. Dann sah sie sich wieder draussen, die Wanderin, sie befand sich plötzlich auf dem mittelalterlichen Platz vor der Kirche der Heimatstadt, kannte den Namen des Ortes und wusste, wohin ihre Schritte zu lenken seien.

Der Traum liess etwas aufleuchten vom Glanz der Tage am See. Damals. Wie ein Pfeil vom gespannten Bogen fuhr A.'s Erinnerung in den Schilfdschungel am Heidenweg. Im Ruderboot mit Adrien. Das waren verbotene Ausflüge, die A. sich mit List und Lügen ergatterte, Freundinnen vorschob mit Motorbooten, die von Fabrikantenvätern gelenkt wurden; das war passender als mit dem Sohn des Postbeamten aus Erlach an der Sonne zu liegen und zu träumen, Sonne schadet den Nerven, pflegte die Mutter zu sagen, und hat böse Folgen. Natürlich ahnte sie das Küssen im Schilf und die verstiegenen literarischen Träume mit Adrien, der Gedichte schrieb, und in Balladen, extra für Schulaufführungen verfasst, nicht verbarg, dass er in A. verliebt war. Diese verbotenen Stunden auf dem See, diese mit Mahnungen belegten Sommernachmittage schmeckten süsser, waren heftiger, weil sie einen schwierigen Anfang und ein grausames Ende hatten: zum Nachtessen musste man pünktlich zuhause sein. Aber eigentlich, A. gibt es zu, war auf dem See alles vergessen, was nicht zur Sonne, dem im Dunst hellblauen Himmel gehörte, zum sachten Plätschern des Wassers an den trägen Kahn. Adrien kannte sich aus, der war am See gross geworden, er handhabe das Ruderboot geschickt, verstand auch, ein selbstgemachtes Segel zu hissen, wenn der Seeluft günstig wehte. Seine Mutter war für diese Unternehmungen zu haben, half mit, tauchte die Vergnügen nicht in den Abgrund der Sünden. Sie hatte ein schwereres Leben als A.'s Mutter und war heiter. A. konnte nicht fassen, dass in der Wohnung oberhalb des Postbüros nicht nach dem Woher und Wohin gefragt wurde und dass man sich im Sommer vorbehaltslos freuen durfte. Da war auch die Flasche mit dem Saft, die hatte Adrien gut verkorkt, und mit einer Schnur um den Hals wurde sie in kühlere Schichten des Seewassers hinuntergelassen, gelegentlich auch nachgezogen im Schlepp, und Adrien konnte geschickt aus der Flasche trinken und wischte sich den Mund in kurzen kräftigen Bewegungen mit der Hand ab. Es gab nur noch etwas, das schöner war, als im Boot um die Insel zu rudern, in Buchten zu schwimmen und wieder ins Boot zu klettern. Das war die Heimkehr dem See entlang. Adrien besass ein Töff, weil er ja die Schule in der Stadt besuchte und keine Zugverbindungen hatte. A. setzte sich auf den Rücksitz, umklammerte den Freund, und es ging, in wilder Fahrt, so kam es den beiden vor, der Stadt zu. A. wird sich bis ans Ende ihres Lebens daran erinnern, wie sie auf der Durchfahrt mit dem Töff von der heissen Strasse in die kühle Gasse des Weindorfes tauchten, Empfindung des Schattens auf dem Körper, und doch auch schön. Aus den offenen Kellertüren drang der feuchte Geruch der Weinfässer, ein Duft, der hängenblieb zwischen den Häusern. Dann wieder die sonnige Strasse den Weinbergen entlang. Wie viele Nachmittage, wie viele Sommer lang war das so gewesen? Möglicherweise waren es nur wenige Male, aber alles war versunken neben der Fahrt mit Adrien, jede Köstlichkeit eines Seelandsommers gebündelt in einer glanzvollen Stunde auf dem See, im Ruderboot, mit geschlossenen Lidern, durch die das Flimmern des Sonnentages drang. Unendliche Möglichkeiten, grosse Räume taten sich auf, man musste nur warten, nichts tun, alles würde sich eröffnen.

Aber A. war ungeduldig und neugierig. Auf ihren ersten Ausflügen mit dem alten Velo des Vaters – sie musste das noch zu kurze Bein mühsam über die Lenkstange schwingen – war das kleine Mädchen, es regnete und es trug eine schwarze Pelerine, in einer struppigen Hecke gelandet und hatte Mühe gehabt, sich und das Fahrzeug aus den Dornen und Zweigen zu lösen. Später hatte das Mädchen Wege durch Juratäler entdeckt, dorthin begab es sich, wenn etwas schiefgegangen war in der Schule, wenn ungerechte Strafen verhängt wurden, wenn die Stimmung zuhause unerträglich geworden war. Man konnte sich bei den Steigungen abstrampeln, schwer auf die Pedale treten, indem man sich vom Sattel erhob, man schnaufte sich die Seele aus dem Leib. Dann aber die Belohnung mit der Abfahrt, mühelos kam man vorwärts im Gefälle der Sandstrasse, gefährliche Biegungen waren zu nehmen, in denen man nicht zu stark bremsen durfte. Am schönsten die Kombination mit dem Jorat. Man war nach Ligerz gefahren, von dort mit der Seilbahn auf den Tessenberg, dann hinunter in das stille Tal, manchmal in ruhiger, oft in beschleunigt heftiger Fahrt, den Weiden entlang, dem Brunnen, wo der Weg abzweigte auf die Prés d'Orvin. Und in Orvin konnte man sich nur schwer entscheiden, ob man die breite Strasse hinauf nahm heimzu, sie stieg allmählich, und nur im letzten Stück musste man absteigen und das Velo stossen. Die bevorzugte Variante war die Fahrt bis nach Friedliswart und dann durch die düstere Taubenloch-schlucht, und die Erleichterung, wenn man am Jurahang wieder in die Sonne kam. Baudelaire-Gedichte und Gide-Zitate aus dem «Journal intime» als Wegzehrung.

Aber dann eben der Bruch. Die grösseren Freiheiten, die das Fortgehen versprach. Aber da wurde auch Adrien verlassen und der See und das ganze Seeland, das «End der Welt» mit den Picknicks, die immer der Vater organisiert hatte und die gut waren. Das einzig Bekömmliche am Familienleben, so scheint es A. Da breitete sich manchmal eine gewisse Heiterkeit in der Familie aus, man durfte lachen, Unsinn hatte keine Folgen. Ein Verrückter aus den Kindertagen, wir nannten ihn Sali, war mit dabei beim Picknick auf den Studmatten, zwischen den Haselnussstauden, er raste wie eine wild gewordene Lokomotive im Kreise, man liess ihn gewähren, er war ungefährlich, ein Bub, der zum jungen Mann wurde, keine Schule besuchte, sondern einfach verrückt war.

Also A. ging weg aus dem Elend und der Freude. Noch viele Jahre lang fragte sie sich, was wird wohl mit mir passieren, was wird in drei, in fünf, in unendlichen sieben Jahren?

Dritter Tag,
Gespräche in Pamplona

Sie sagen, als die Kinder klein waren, konnte meine Frau nicht weg. Jetzt wird die Frau mitgenommen. Sie haben ein regelmässiges Leben hinter sich, sie reden Kultur, sie wissen die Namen der Maler, sie besuchten die Villen Palladios. Abends ziehen sie sich um und wissen genau, wie. Neide ich es ihnen?

Wir waren auf dem pyrenäischen Pass gewesen, über den seit Jahrhunderten die Pilger vom Norden her südwärts gewandert waren, fromm, den Heiligen Jakob vor sich, an dessen Grab man beten wollte, um die Unbill aus dem eigenen Leben zu bannen. Viele taten es sicher auch deswegen, weil es Mode war, zu pilgern, weil auf den Pilgerstrassen viel passierte und man dabei war. Ausser den Gebeten hat man sich wohl auch viel Klatsch erzählt, von Nachtstätte zu Nachtstätte, man hatte nicht nur gefroren, gehungert und gelitten.

Wir hatten in Roncesvalles jämmerlich gefroren, waren in der Kirche gewesen, wo die fratres die Vesper sangen; der Meilenstein, auf dem unser noch 787 Kilometer entferntes Endziel angeschrieben stand, nämlich Santiago de Compostela, war gebührend fotografiert worden, es regnete, wir bekamen in der Gaststube endlich Tee und Schnaps. Der Guide, Don Antonio, lehnte einen zweiten Schnaps ab mit der Begründung «Ich bin warm». Der Theologe unter uns schüttelt den Kopf und meint, das sage man nicht. Warum? fragt der Spanier, was er Falsches gesagt habe? und der Theologe erklärt, das dürfe man nicht sagen. Weiter geht der aufklärende Sprach-

unterricht des geistlichen Herrn nicht. «Karolingisch, 9. Jahrhundert», tönt es aus der andern Ecke, dort sitzt Giovanna, sie erklärt das Kapitell in der Krypta des Klosters San Salvador de Leyre, und sie hat recht. Ich notiere in Gedanken, dass zwischen Jaca und Leyre am Wegrand Esparsetten blühten wie im Jura und dass sie kaum von einem rosa Kleefeld zu unterscheiden waren.

Auf der Rückfahrt war es der hübschen Frau H. schlecht geworden, der Bus hatte anhalten müssen, was ihr gar nicht recht war. Ein Platz ganz vorn wird ihr nun angeboten. (Ich sitze schon lange ganz vorn, weil mir früher einmal übel geworden war und Signor Paolo für den Rest seiner Reise nun nicht mehr vorne sitzen wollte, Platz Nummer zwei sei mir bekömmlicher.) Frau H. entschuldigt sich fortwährend, welch ein Aufheben wegen nichts. So werden wir in unserer Hilfeleistung gedemütigt, Frau H. scheint nur in der Lage zu sein, Selbstverständlichkeiten von ihresgleichen, ihrem Ehemann zum Beispiel, anzunehmen.

Jetzt sitzt das Ehepaar H. in der Hotelhalle vor einem heissen Tee, Dr. H. sagt diskret, das werde seiner Frau guttun. Wie selbstverständlich setzt sich Giovanna zum Paar H., ich werde miteinbezogen, Herr H. bietet mir einen Platz an, weil ich ja mit Giovanna in die Bar hereinkam. Er wird auch bezahlen, lächelnd, das sei doch selbstverständlich und eine Bagatelle. Die beflissene Giovanna nimmt den Faden der Konversation auf, spult ihn entsprechend ab:

«Weiss ich doch jetzt, kurz vor Pfingsten, gar nicht recht, wohin ich denken soll, an so verschiedenen Orten hält sich meine Familie auf. Mein Mann macht einen Ausflug nach Stuttgart, meine Tochter, wie Sie wissen, ist in Norwegen verheiratet, mein älterer Sohn ist auf dem Weg von Rom nach London, mein Jüngster, ja, der unternimmt eine Reise mit seiner Freundin – es ist ein ganz entzückendes Mädchen, eigentlich wie eine kleine Freundin von mir, sie studiert Medizin.» Und zu den netten H.'s: «Jetzt müssen Sie mir aber sagen, wie denn Ihr Sohn heisst.»

«Peter.»

«Ach, wie mein Jüngster.»

«Eigentlich Peter Jakob», fügt der Vater hinzu, «und morgen wird er 25, und wir Rabeneltern sind weg.»

«Ja, und die Töchter haben einfache Namen, die heissen Sybille und Annemarie, wir suchten Namen, die auch im Welschen ausgesprochen werden können, ich bin eine Welsche», bekennt Frau H., sie fühlt sich wohler, ist unter ihresgleichen, der verächtliche Zug weicht der betonten Zurückhaltung. Und weiter! «Ja, ius.» «Die Mädchen entscheiden sich weniger rasch, sie wissen zuerst nicht, was sie wollen ...» «Unser Peter sagte ...» «Und mein Fritz, der, der mir am nächsten steht ...» «Ja, man gewöhnt sich leicht an die Freundinnen der Söhne.»

Lieber hätte ich mir die Zunge abgebissen als verraten, dass es «meinen Sohn» auch gibt, er auch einen Namen hat, gut geraten ist, dass er bestehen kann in der Hotelhalle der «Drei Könige» in Pamplona, dass ich es aber einmal aufschreiben will, wie schwierig alles gewesen ist bis jetzt. In dieser Gesellschaft nämlich, die ich verachtete und bekämpfte, deren Massstäbe ich aber angenommen hatte und auf deren Zustimmung ich angewiesen zu sein glaubte. Dass ich es nie zugab, wie unerträglich schwer es gewesen ist und oft zum Ersticken, das ist mir als Fehler anzurechnen, nicht, dass ich das Kind allein aufzog, allein über es verfügen, mir nicht helfen lassen wollte und den Trotz weitertrug, bis er mir vom heranwachsenden Kind als Hochmut angerechnet und gebrochen wurde.

3

Notizen zur unverstandenen Zeit

Bevor von den mit Leidenschaft in Angriff genomme-
nen Mutterjahren die Rede sein wird, muss wohl auch
berichtet werden, was A. nach ihren Eskapaden mit
dem Velo und nach den Träumen im Ruderboot, nach
der Auflehnung gegen die einsperrenden Familientage
und den halb ernsthaft, halb spielerisch betriebenen
Schuljahren mit sich und ihrer Neugier angefangen
hatte.

Du gehst über Leichen, kommentierte die sanftere
Schwester, als A. Orte und Menschen der Nähe verliess
und zu neuen überging mit Ungestüm. Sie sei immer
ein lustiges, unterhaltendes, eigentlich liebes Kind gewesen, sagten die Tanten, schade, dass sie nicht bei der
Stange bleibt, mit ihrem Beruf nichts Ordentliches
anfängt, keine gute Partie macht, wo sie doch alle Voraussetzungen hätte und auch Anträge bekommen hat,
soviel wir wissen. A. hatte kein Ohr für all diese Über-
legungen, sie wusste auch nicht, ob sie Glück hatte oder
Pech, sie erkämpfte sich Auslandsemester, war auch
Kindermädchen zwischendurch. Eine ihrer schönsten
Tätigkeiten: Blumenverträgerin in Paris. Sie suchte dort
Verwandte auf, von denen man in der Heimat nie mehr
gehört hatte und deswegen vermutete, sie hätten nicht
reüssiert, seien vielleicht sogar untergegangen. Sie be-
wohnten ein Souterrain, auf dem gewürfelten Tischtuch
war frisches Brot zum Mittagessen und ein Glas Wein.
Dort sah A. zum erstenmal die Welt von unten, die

Beine der Vorübergehenden nämlich, sichtbar durch ein im Trottoir eingelassenes Gitter, über einem Schacht, der etwas Licht ins Souterrain liess. Man konnte dort hastende und schlendernde Beine beobachten, müde schleppende auch, hübsche kleine Schuhe mit hohen Absätzen und ausgetrampelte, zerstörte, kranke. Manchmal fielen Zigarettenstummel in den Schacht, oft Papierschnitzel. A. wollte zusammenwischen, aber das Fenster liess sich von der gemütlichen Wohnküche aus nicht mehr öffnen. Der Schmutz störte die Familie nicht, sie reagierte eher auf akustische Reize; kaum bimmelte oben die Ladentüre, stürzte eine der beiden Cousinen A.'s die Treppe hinauf, unterdrückte das Schnaufen vom schnellen Steigen, begrüsste in vollkommenen Formeln den Kunden, stellte mit eiligen Bewegungen das Bukett zusammen. A. war beim Austragen von Sträussen etwas unsicher, weil sie nie wusste, ob man den Küchenaufgang oder den offiziellen Aufgang zur Wohnung benutzen musste, wenn nicht deutlich «für Lieferanten» angeschrieben war, es gab da auch sprachliche Unsicherheiten, alle redeten so gewählt und rasch. Deshalb hatte sie es am liebsten, wenn die ganze Familie nach Ladenschluss mit der Metro in ein anderes Quartier fuhr, sorgfältig vorbereitete in Körbe verpackte Arrangements mit sich führend, dann ein bestimmtes Haus am Boulevard St. Germain betrat und dort die Vasen neu füllte, den gedeckten Tisch schmückte. Das alles ging in vollkommener Stille und rasch vor sich, man traf keinen Menschen ausser der Concierge, die die Tür öffnete. Es schien aber ein sehr ehrenvoller und guter Auftrag zu sein, die Tante tat vornehm und schien glücklich. Als man A. zutraute, die rote Nelke, deren Stiel mit einem Stanniolpapier umwickelt werden musste, neben das Gedeck von Monsieur zu legen, damit er sich die Blume ins Knopfloch stecken konnte, war sie sehr stolz. Nicht sehr lange freilich, denn sie geriet in andere Wohngegenden, wo man nicht mehr vornehmes Pariserisch sprach, sondern wo Emigranten radebrechten, wo verbannte Weissrussen, Balalaika spielende Taxichauffeure wohnten. Sie waren mit A.'s Zimmernachbarn befreundet. Einer war Mitglied der KP und arbeitete nachts als Setzer für eine linke Zeitung, nachmittags, nachdem er ausgeschlafen hatte, kam er seine kleine Tochter besuchen.

Die Mutter der kleinen Nadia wollte er nicht mehr sehen, weil sie ins andere Lager übergewechselt war, einen Bildhauerfreund hatte, der sich zum alten Russland bekannte. A. lernte auch, warum ihr sparsamer chinesischer Freund ohne ein Wort zu sagen das Kino verliess, das Billet wegwarf und nach Hause ging – er wollte sich nicht in die gleiche Reihe setzen wie eine Gruppe japanischer Studenten. Für A. war der Ferne Osten nur etwas Exotisches gewesen, sie hatte sich nicht um Politik gekümmert, war derart gefangengenommen von persönlichen Kontakten, dass sie sich heute schämt – der spanische Bürgerkrieg 1938 zum Beispiel ging ihr erst später durch Hemingway nahe –, er war ihrem Milieu so fern gewesen wie der Erste Weltkrieg in den Erzählungen der Familie. Diese Erzählungen hatten nicht weiter gereicht als bis zu der hässlichen Trennung von Deutschsprachigem und Welschem, so dass man mit den in die Ostschweiz ausgewanderten Verwandten nicht mehr sprach; und dann natürlich die Kochkiste, in der, aus Kriegsgewohnheit und weil's billiger war, immer noch die Gerstensuppe oder das Suppenfleisch über Nacht weichgekocht wurde. Aber sparsam war die

Mutter ja immer gewesen und hatte gefeilscht um einen Fünfer weniger für den Salatkopf auf dem Markt. Und die Grundsparregel, mit der A. in die Welt entlassen worden war, hiess, nur ein Zündholz brauchen, wenn man zwei oder drei Gasflammen auf dem Herd anzünden wollte. Etwas dürftig für den Lebenskampf.

Dann waren da noch die literarischen Beilagen im Rüstzeug von A., natürlich ging sie zur Aufführung von Brechts und Weills «Jasager», weil sie selbst mitgesungen hatte im Chor, früher, in der Mittelschule. Zu ihrer Ehre sei gesagt, dass sie damals schon diese Texte nicht in Einklang bringen konnte mit dem Streben nach dem «Guten und dem Schönen», das ihr der Patenonkel im Poesiealbum empfohlen hatte. Auch war es ja das grosse Ärgernis ihrer Kinderjahre gewesen, dass man recht tun sollte und Unrecht vermeiden, der Familie, dem Namen zuliebe, den man zufällig trug; dass das Humbug war, dass da etwas nicht stimmen konnte, war A. früh aufgegangen.

Und nun in Paris die Angst vor dem Krieg, die Furcht vor einem Land, dessen Sprache man sprach, dessen Kultur man zu verehren gelernt hatte (A. wäre am liebsten über Goethe geprüft worden an der Matura), dessen Menschen man aber nicht kannte, keine Städte und keine Landschaft. Unheimliches schien da vorzugehen, die Emigrantenfreunde in Paris bangten; und die Grossmutter von Nadia, die abends immer im Ministerium arbeitete – sie war Putzfrau –, sagte «ce Hitler!»

Die Universität wurde gewechselt; sie stand für A. zwar nur im Vorlesungsverzeichnis, die zufällig angetroffenen Menschen oder Leute, mit denen man zusammenwohnte, die in der gleichen Mensa assen, im gleichen Laden das Brot kauften, das waren A.'s Universitäten. Sie zog aber nicht die Konsequenzen für den eigenen Lebensweg, das kam dann erst viel später. Vorläufig fühlte sie sich gegenüber dem Vater, der das Studium bezahlt hatte, verpflichtet, Examen abzulegen, ein Patent ins väterliche Haus zu bringen. «Das Leben ist nicht ganz so, wie du es dir vorstellst», sagte der Vater, der aber doch zufrieden war, dass da ein Dokument vorhanden war, das aussagte, dass er in die Tochter nicht vergeblich eine Ausbildung investiert hatte. «Man muss bescheiden bleiben, das wirst du schon lernen, man muss wissen, was sich schickt», erklärte die Mutter und brachte es fertig, A. doch ein Dutzend halbleinene und ein Dutzend baumwollene Leintücher in den Koffer zu legen, als sie endgültig auszog, um zu heiraten. Gute Hand- und Küchentücher waren auch noch dabei, die liess sich A. gefallen, weil sie rot gemustert waren. Die Mutter fürchtete, dass die Aussteuer aber bald dahin sein werde, im Ausland wasche man nicht selbst und mit bewährter Seife, da kämen Maschinen an das gute Gewebe und zweifelhafte Waschmittel, Baumwolle und Leinen würden verderben. Wenn nur das der Verderbnis anheimfalle, ärgerte sich A., die glücklich darüber war, dass der Mann, den sie zu lieben glaubte, weit weg im Norden wohnte, lange Briefe schrieb, wie frei man dort lebe und wie man sich einrichten könne mit guten Hölzern und edelster Form. Design.

Die Freiheit, die A. suchte und im Lebensstil des Nordens fand – das Land war weiträumig, man stiess sich nicht mit den Ellenbogen und redete nie störend in andere Leben –, ja, die war schon da, ermunterte, aber brachte keine Blüten.

Denn da war das Unheil ausgebrochen. A. lernte kochen, während ihr Mann zeichnete, im grösseren Zimmer sass am Reissbrett und Karriere machen wollte. Es war A. nicht aufgefallen, dass für sie kein Arbeitstisch vorgesehen worden war, sie hielt sich sowieso meistens in der kleinen Küche auf und versuchte, aus drei Eiern, viel Milch und Mehl eine essbare Speise herzustellen, die für unerwartete Zuzüger reichen musste. Sie waren aus Deutschland gekommen, weil ihre Parteikarte sie zu Staatsfeinden gemacht hatte; jüdische Freunde aus Leipzig versuchten die Verfolgung als vorübergehend zu deklarieren, sie hatten einen Teil der Möbel und eine Sammlung alter Stiche mitgenommen und glaubten, ihr bürgerliches Leben im Ausland weiterführen zu können. Da waren aber die links kämpferischen Deutschen, die früh eingesehen hatten, was in Deutschland vor sich ging, in die Sowjetunion ausgewandert waren und als Fachleute in Sibirien die grossartigsten Projekte hatten verwirklichen können. Stalin machte ihnen kurz vor Ausbruch des Krieges den Prozess, er fürchtete eine fünfte Kolonne, verjagte sie als Trotzkisten, vernichtete angeheiratete russische Frauen und deren Familien, einigen war es gelungen, ohne Papiere über Finnland nach Schweden zu fliehen. Hier sassen sie nun, Trümmer hinter sich, Tote, Prozesse, die Gegenwart hing am Stempel, den man sich einmal pro Woche auf sein Ausländerpapier geben lassen musste. Arbeit, ja. Aber sonst kein lautes Wort, korrektes unauffälliges Benehmen. A. lernte, was Angst heisst; das Geflüster wurde in ihrer Küche zum Gespräch. Und was sie, aus ihrer unbesorgten Jugend heraus, wo Politik dem Vater überlassen blieb und in der Freisinnigen Partei ihres Heimatortes und in der Wirtschaft stattfand, nie hatte bespre-

chen können, keinen Ausweg zum Handeln hatte
finden können, das geschah nun in ihrer kleinen
Wohnung: bis in den frühen Morgen wurde diskutiert,
und ihre Angst, als sie zum erstenmal deutschen Boden
betreten hatte, um in Berlin zu studieren, diese Angst
war berechtigt gewesen. Da waren ihre Schwiegereltern
auf deutschem Gebiet, die sagten, nur nicht noch
einmal Krieg, und Hitler hält schon Ordnung. Und
solange wir Hindenburg haben. A. hatte in der ersten
Nacht damals in Frankfurt – diese Geräusche wird sie
nie mehr vergessen – die SA marschieren gehört; die
Männer waren abends spät von ihrem Arbeitseinsatz
nach Hause gekommen, singend, fröhlich, sie waren
organisiert und konnten etwas tun. Aber da waren die
Stiefel, die stampften, in gleichmässigem Schritt, im
Takt zum Marschlied. Es fuhr einem tief in die Glieder.
Aber man verscheuchte es. Und dann eines Morgens
der Telefonanruf eines Freundes, «Bomber über Warschau». Kein Wort mehr. Der Krieg war ausgebrochen.
A. hielt den Telefonhörer in der Hand, sagte kein Wort
und war wie vernichtet von der Gewalt, der Pest, dem
Unheil, dem Blut, das sie über Europa in dieser
Sekunde überdeutlich vor sich sah, Unwissen, Un-
glauben, und das Ahnen unaussprechbaren Leides für
alle.

Da war auch die kleine Irene gewesen, die man
wegen ihres ausländischen Mannes, der politisch ver-
dächtig war, aus der Sowjetunion ausgewiesen hatte und
die einmal mit einiger Belustigung A.'s Nähkästchen
aufgeklappt hatte, und als A. ihr erzählte, sie habe es
von einer Tante auf die Reise mitbekommen, in den
bestürzenden Satz ausbrach: «Mensch, du hast Verwandte.» Und A. lernte, was sich hinter diesem Satz

verbarg, dass Irenes Mutter im Dunkel der Gefängnisse verschwunden, den Brüdern und den Schwestern der Prozess gemacht worden war und Irene nicht wusste, ob sie lebten oder nicht. Da war auch die Philologin Malo, eine Jüdin, die ein kärgliches Leben in der Kammer wohlsituierter Freunde fristete, sich auf irgendeine Weise Wolle verschafft und nun ihre Kleidungsstücke von Hemd bis Abendkleid selber strickte. Sie hatte bei Berner Professoren abgeschlossen, kannte also A.'s heimische Verhältnisse nach Namen, war dann unglücklicherweise nach Frankreich geraten, wo sie von den Nazis in ein Lager gesteckt worden war, zusammen mit ihrer Mutter und Schwester. Mit viel Raffinesse war ihr die Flucht in den Norden gelungen. Sie gab Stunden, erteilte Sprachunterricht, heimlich natürlich, die Fremdenpolizei durfte es nicht wissen. Abends im Bett lernte sie finnisch, dann russisch. Sie erbettelte sich bei der schweizerischen A. Maggisuppenwürfel, die sie als Delikatesse knabberte, als Dessert einen Löffel Kakaopulver mit Fett vermischt. Sie gestand A., dass sie im Lager in den Pyrenäen, von den Franzosen tyrannisiert und schikaniert, eng zusammengeschlossen mit gänzlich fremden Menschen – glücklich gewesen sei, zum erstenmal wäre sie nicht allein gewesen, sondern in eine Gemeinschaft eingeschlossen, die keine andern Gedanken hatte, als zu überleben. Dann war da der kranke Professor, der behauptete, wegen seines Leidens den Lehrstuhl in Deutschland verloren zu haben, dem A. behilflich war in der Abschrift eines wissenschaftlichen Werkes und vor dem sie sich fürchtete, weil er ihr wie ein junger Mann den Hof machte, obschon er sich an Stöcken nur mühsam bewegte. A. hatte ihn aufs Land geschleppt, an einen leicht zugänglichen Ort am Mälarsee, damit der

Behinderte doch den Sommer erleben könnte, aus der Stadt herauskäme. Sie folgte gebannt seinem Unterricht, den er in Gesprächen frei assoziierend erteilte, frischte ihr Latein auf, benützte den Professor, freilich mit einigen Hemmungen, als Lexikon. Konnte es aber nicht vereinbaren mit dem Pflegerischen, dem Haushälterischen, das sie gleichzeitig leisten sollte, Essen bereiten, das der Krüppel, ohne aufzufallen, essen konnte, besorgt zu sein, dass eine Nachtschüssel in seinem Zimmer war, weil der Weg zur Toilette eine unüberwindliche Stufe aufwies.

Und dann war da der Ehemann, der unbeirrt zeichnete, vor allem aber Beethoven auf dem Klavier spielte – konnte man noch Beethoven spielen, deutscher Kultur verpflichtet sein, wenn Grauenvolles im Gange war? –, fröhlich mit Blondinen flirtete, weil er sich charmant fand und unwiderstehlich, der anhängliche Briefe schrieb an seine Eltern im dunkeln Deutschland, Kindererinnerungen mit der Mutter austauschte und die Gefahren, die Anpassung, einen möglichen Widerstand nie erwähnte?

A. war glücklich, als sie aufgefordert wurde, Dokumente aus dem Widerstand der besetzten skandinavischen Länder zu beschaffen, zu übersetzen, in die Schweiz zur Publikation zu schicken.

Einmal, als sie in ihre Wohnung zurückkam, viele Leute dort sassen und, wie immer, diskutierten, fragte sie ein Neuer, was sie denn hier zu suchen habe? Da ging ihr auf, dass sie sich nicht einmal als Hausfrau durchgesetzt hatte, dass man ihre mit einem Ei vermischten Kartoffeln, in der Pfanne aufgebraten, ihre Brotkarten, die sie zur Verfügung stellte, als selbstverständlich hinnahm, dass sie nicht einmal ihren Trotz gegen das Beethoven-Spielen ihres Mannes formuliert hatte. Sie spuckte auf die Kultur, wahrscheinlich aber auch das zu zurückhaltend, es wurde ihr als Unartigkeit und momentane Laune ausgelegt. Da kam ihr dann in den Sinn, dass sie seit Jahren ihren Kindernamen, Toinette, nicht mehr gehört hatte. Die totale Ratlosigkeit ging weiter, das Ausgeliefertsein, das Nichtwissen, was man tun sollte. Der Fremdenhass stieg, in dem Land, wo sie wohnte. Die Militärpflicht hatte den Mann zwar nicht nach Hause gerufen, was sie vor weiteren Entscheidungen bewahrt hätte. Aber der Winterkrieg in Finnland war vorbeigegangen, die Angst vor dem Osten, dem Urfeind, war kleiner geworden, die Vorkommnisse auf dem Kontinent rückten näher ins Bewusstsein.

Und dann und dann und dann?

Wir finden A. wieder nach dem Ende des Krieges, allein. Sie sei Journalistin geworden, gab sie Auskunft, denn etwas anderes sei ihr nicht eingefallen, Lehrerin wolite sie nicht sein, was nach ihren Papieren am leichtesten möglich gewesen wäre. Wenigstens hättest du ein Auskommen und eine Pension in Aussicht, jammerte die Mutter, der die Scheidung ihrer Tochter nicht in den Kram passte – und die nun endlich etwas Sicheres wünschte, über das Auskunft zu geben wäre bei Verwandten und in der Stadt.

Der Vater, praktisch denkend, sah in der Tochter eine neue Arbeitskraft fürs Geschäft und war verletzt, dass A. überhaupt nicht in Betracht zog, je wieder in die Nähe der Familie zu ziehen.

Zeilenhonorar also, Versuche zu schreiben, nachdem A. erlebt hatte, dass im Krieg das Schreiben die einzige Waffe der Wehrlosen, Unterdrückten, Ausgelieferten gewesen war und dass diesen die Stimme gegeben werden musste. So ernsthaft war es allerdings noch nicht formuliert, da war viel Spass dabei, nachdem sie sich daran gewöhnt hatte, keinen Haushalt mehr zu führen, keine Gäste und Verlorenen aufzunehmen, das Haushaltgeld nicht mehr vom Ehemann zu beziehen und nicht länger mit dem Namen eines Mannes zu leben, den man nicht mehr schätzte. Der Krieg hatte das Auseinandergehen verzögert, und doch hatte A. Mühe, als ihr die täglichen Aufgaben entzogen waren, keine Socken mehr waschen, keine Suppe mehr kochen, auf niemanden warten, sie fiel durch die Maschen des Lebensnetzes. Was fing sie mit ihrer Freiheit an? Sie suchte sich, immer verknüpft mit menschlichen Bindungen, von Abenteuern des Herzens geleitet, die abwegigsten Aufgaben. Wir sehen sie im kriegsversehrten Polen, in den Trümmern Danzigs, das jetzt Gdansk hiess; in Breslau, Wroclaw, hatte sie Angst, da sass der Tod in den Trümmern, die Flüchtlingsströme warfen sie um, dass sie kaum atmen konnte, über Warschau schwebte der Totengeruch des Ghettos. Es gab ein einziges Haus, das noch feste Mauern hatte, das Hotel Polonia, in dem die deutsche Wehrmacht residiert hatte. Zerlumpte auf der Strasse, A. schämte sich, dass sie in ganzen Schuhen mit festen Sohlen durch die Ruinen ging. Da krochen sie aus allen Löchern und sangen, pfiffen, spielten das Befreiungslied ihrer Stadt Warschau, man tanzte, die Überlebenden zählten die Toten nicht mehr, sie strichen sich übers Gesicht, stellten fest, dass man leben und frei atmen konnte, ein Aufschrei! Da allerdings fiel A. der Stift aus der Hand, Notizbücher wurden verschenkt, totale Inflation des Wortes, sie sang mit und umarmte Maciek, der noch am Leben war und sie auch umarmte.

A. war verwundert, als ein Kollege ihr auf einer Reise mitteilte, sie mache den Eindruck einer Frau, die beruflich arbeite, ihr Leben selber verdiene, es in die Hand genommen habe. Wahrscheinlich war es so, aber A. wusste immer noch nicht recht, was sie wollte, sie sehnte sich nach einem eigenen Kreis, sie wollte für jemanden da sein, sorgen. Das schien ihr das wichtigste. Und was sie sich immer gewünscht hatte, was ihre Enttäuschung gewesen war, weil sie es sich als Unfähigkeit und Mangel an Weiblichkeit ausgelegt hatte, jahrelang, traf ein: sie erwartete ein Kind.

Vierter Tag, Burgos oder ein Spaziergang am Abend

Ich war deprimiert und ging allein spazieren. So vieles war nicht passiert, was wohl hätte passieren sollen, unausgesprochene Erwartungen bereits am vierten Tag niedergeschlagen. Wie aufgeräumt hatte doch Rosy den Reisebus bestiegen, in weissen Hosen und farbiger Jacke, bestückt mit Farbstiften, Kleister und Schere, denn es gelang ihr, fortlaufend ihr Album zu führen, farbige Karten, die ihr gefielen, einzureihen, Menuzettel, eventuell Eintrittskarten auszuschneiden und dem Reisebericht beizufügen. Zu Hause, sagte sie, im Geschäft - das sie selbständig führte — warte so viel Arbeit auf sie, dass es ein Jahr dauern würde, bis sie die herumliegenden Fotos sortiert hätte. Aber am vierten Tag fragte sie sich dann auch, wie es wohl den lieben Hunden ginge, die sie sicher sehr vermissten. Der Bruder, ein Gelehrter, mit dem sie auf dieser Reise, aus praktischen Gründen, das Zimmer teilte, machte sich über die fanatische Hundeliebe seiner kleinen Schwester lustig, gab aber zu, dass keine wie sie Fischgerichte zubereiten könne, und er sei ein grosser Fischkenner, er habe sich darauf spezialisiert.

Rosy fror in ihren weissen Hosen, es regnete die ganze Zeit, und sie hatte doch ihr Bikini mit, sie wollte bräunen unter südlicher Sonne. Einmal abends trug sie lange Ohrringe, hatte sich eine Blume ins dunkle Haar gesteckt, wirkte spanisch. Sie sah entzückend aus, wollte nur Herren an ihrem Tisch, sie hielten gewiss nicht zurück mit Komplimenten über ihr bezauberndes Aussehen, ihre Stimme erhob sich zu leichtem Kreischen, wenn sie vorgab, zu erschrecken. Am

47

Schluss, ganz am Schluss der Reise, als wir auf einem Flughafen zwei leere Stunden zu überbrücken hatten, erbot sie sich, das Gepäck der ganzen Gesellschaft zu hüten, sass da mit dem Kofferberg und meinte, das nächste Mal reise sie doch lieber allein, ihr gelehrter Bruder sei so hilflos und vergesslich.

Die kleinen Enttäuschungen, die verwelkten Rosen waren nicht auszuhalten, auch musste man sich bewegen, um nicht vor Kälte starr zu werden in der Kathedrale bei den Erklärungen von Altar zu Altar. Alle haben sie glatte Gesichter und schmale Münder. Wohin legten sie ihre Verletzungen? Was erwarten sie, wenn sie sich leicht nach vorn beugen, um kein Wort zu verpassen von dem, was gesagt wird? Die von den Südmolukkern als Geiseln eingesperrten Kinder erregen jeden Morgen ihr Mitleid, beim Kaffee werde ich gefragt, ob neue Nachrichten übers Radio gekommen seien oder ob etwas über die Situation im holländischen Schulhaus in der Zeitung stehe. Frau B. streicht Brote als Vorrat, man isst ja hier so spät zu Mittag, es könnte einem schlecht werden während des langen Vormittags: was haben sie wohl zu essen, die armen Kinder? Giovanna aber fügt hinzu: «Und die seelischen Leiden, die sind nicht messbar.» Da blieb der Platz am Fluss, eine Promenade, terrassenförmig angelegt, geplättelt mit weissen Steinen, schwarze bringen grosszügige Muster hinein. Ich hatte vergessen, dass wir vor einem Feiertag standen, die Menschen waren geputzt, ruhig und heiter. Junge Leute gingen in Reihen auf und ab, warfen sich Bemerkungen zu, ältere promenierten oder sassen auf Bänken, Mütter schwatzten und schauten nebenher in den Kinderwagen, warfen einen Ball, ordneten ein Röckchen, wiesen zurecht, ohne den Fluss des Gesprächs mit der Banknachbarin zu unterbrechen.

Die grotesk geschnittenen Buchsbäume trennten die verschiedenen Szenen. Der Wind war kühl, ich schritt rasch aus, unbeachtet und doch den andern näher, dem Leben zugewandter als in der Touristengruppe unter meinesgleichen. Die Platanen waren spät dran, schlugen eben erst aus. Kleine Mädchen in Röckchen, die bis zur Wade reichten, hatten mit einem Seil ein Dreieck gespannt und hüpften wie im rhythmischen Ablauf eines Tanzes, in wechselnden Schritten über das Seil.

Giovanna holte mich dann ein auf meinem heftigen Lauf, in einer Bar tranken wir einen heissen Tee. Die Barbesitzerin schien sehr schlecht gelaunt, sie schmiss mit Flaschendeckeln um sich, redete hart mit ihren Kollegen hinter dem Bartisch und wollte uns nicht hören, als wir um mehr heisses Wasser baten. Giovanna zeigte sich wie immer verständnisvoll, sagte, das Missverständnis rühre von einem ihrer unkorrekten Ausdrücke her in dieser Fremdsprache, sie sei schuld an der schlechten Bedienung. Die angriffige Unzufriedenheit der Blonden in der Bar aber veranlasste Giovanna, ihre eigene Unzufriedenheit zuzugeben. Zögernd, inmitten des Menschengewimmels unter den Arkaden der Plaza de José Antonio, glaubte sie mir erzählen zu müssen, dass ihr Glück mit dem geliebten und vollkommenen Ehemann und ihren drei erwachsenen und musterhaft geratenen Kindern und zusätzlich ihre Selbständigkeit durch den Beruf nicht das erwartete grosse Glück sei. Sie schämte sich sehr, es zuzugeben, und merkte nicht, dass ich mich darüber freute, auch menschliche Züge an ihr zu entdecken. Wir gingen ruhig ins Hotel zurück.

4

Ginster und ein Sträusschen
auf dem Plateau

A. war an einer Tagung in Genf. Dort auf dem Postamt
gelang es ihr, den schwer erreichbaren Mann in der
Ostschweiz an den Apparat zu bekommen, um ihm
mitzuteilen, der Test sei positiv ausgefallen, sie erwarte
ein Kind. Etwas benommen wankte A. die Treppe des
Postgebäudes hinunter, es war für den Mann keine
Freudennachricht gewesen, sie fiel in einen falschen
Zeitpunkt seiner politischen Karriere. Vorher, bei der
ersten Schwangerschaft, die schief ausgegangen war und
die sie zwei Monate Spitalaufenthalt kostete, hatte der
Mann aus der Ostschweiz sich lieb gekümmert, hatte
Briefe geschrieben, telefoniert, sie auch besucht. Bei
ihrem hohen Fieber war es A.'s Aufmerksamkeit
entgangen, dass er sich bei der Etagenschwester als
Bruder der Kranken ausgegeben hatte, vielleicht auch
als Vetter, jedenfalls als ein Verwandter, der Auskunft
über das Ergehen der Schwerkranken zu erhalten befugt
sei. Sie war so glücklich gewesen, die regelmässigen
Schriftzüge des geliebten Mannes vor sich zu haben
oder seinen Kopf in der Türspalte auftauchen zu sehen
– er hatte ein kluges Gesicht, und dass er nur noch
wenig Haare hatte, war nicht störend; die Züge
nahmen, bei leichten Grimassen, mongolischen Ausdruck an, was bezauberte, das Fremde machte die
Beziehung reizvoller. Und dann waren sie ja im Osten
auf einer Reise zusammengestossen, und der Mann,
berufshalber daran gewöhnt, Verhöre anzustellen, hatte

sofort herausbekommen, dass die einsam herumreisende Journalistin sich nichts sehnlicher wünschte als ein Kind. Er sprach es aus, A. begriff erst damals, dass offenbar dieser Wunsch ganz tief in ihr drin sass. Der Mann hatte keine Kinder, er hätte gern Kinder gehabt.

A. bildete sich ein, die Person zu sein, die zur Erfüllung dieser Wünsche auserlesen sei. Es würde ihrer beider Kind sein, sie die Mutter, er der Vater. Eine unvollkommene Familie freilich, aber die Verwirklichung sollte möglich sein, Verhältnisse, die von der Norm abwichen, entsprachen ihren Vorstellungen und ihrem Trotz gegen die Konventionen, die einengten, Unglück einrahmten und zudeckten. Sie war ganz sicher, sie glaubte an das Glück mit dem Kind und für das Kind. Sie wollte sich mit ihm freuen und wollte es nicht mit Verboten belegen. Alles andere war ohnehin nicht voraus berechenbar. Welchen Namen das Kind tragen würde, daran wagte A. noch gar nicht zu denken, zuerst müsste er ja da sein, der neue Mensch. Es war so schwierig gewesen, bis zu ihm vorzutasten, es hatte so viele Jahre gekostet, bis sich neues Leben im Bauch meldete, dass alles andere überbordet wurde von der urwüchsigen Freude: da wuchs es und gehörte zu einem.

Nur das Bettchen richtete sie, kaufte karierten Stoff für das Kleiekissen, ein ganz flaches, denn auf harter Kleie soll der Kopf des Säuglings die richtige Form annehmen, sollen die Ohren nicht abstehen bei regelmässigem Wenden des Kindes. Alle andern Ausrüstungsgegenstände stammten von Verwandten, deren Kinder den Erstlingsjäckchen und einem kleinen Holzbettchen auf hohen Füssen entwachsen waren. Durch diese Gegenstände ergab sich schon so etwas wie eine

Kontinuität, das Kind würde in einen Kreis fallen von Cousins und Cousinen. A. wendete das schmale Maträtzchen, schüttelte das winzige Duvet, verzichtete auf einen Vorhang am Bettchen und fand den bunten Stoff, der an Küchentücher erinnerte, sehr passend. Das waren aber nur verborgene Augenblicke des Glücks, der unsinnig grossen Hoffnung; das Stricken eines altmodischen Seelenwärmers geschah im Verborgenen, sie war immer noch die berufstätige Redaktorin auf der Agentur, die gegen Übelkeit kämpfte, wenn der Chef mit seiner Brissago sich ihrem Schreibtisch näherte. Sie hatte gekündigt, sie will nach England gehen, um sich im Englischen zu festigen während der langen Monate der Schwangerschaft. Alles so diskret wie möglich.

Der Chef, dem sie den Grund ihrer Kündigung mitgeteilt hatte, zeigte sich besorgt und fand es sehr merkwürdig und ein Zeichen, dass da irgend etwas nicht stimme – er war doch ein grosszügiger Mann mit viel Verständnis für Ungewohntes –, weil A. ihm den Namen des Mannes nicht mitteilen wollte, mit dem sie das Kind gezeugt hatte. Die Eltern, etwas überfordert in ihrer Grosszügigkeit, sie wussten nicht recht, wie sie reagieren sollten, kamen angereist und besprachen sich mit dem erfahrenen Mann, der A.'s Chef war. A. liess sich nicht beeindrucken, wollte nicht reden, nur weggehen und sich der Schwangerschaft widmen. Sie wollte sich mit dem Kind unterhalten, dem zukünftigen Menschen, der zu ihr gehören würde. Ein Mädchen? Hoffentlich ein Mädchen, und es sollte Martina heissen. Der Arzt lächelte, er sagte, Sie haben es sich so gewünscht, es ist alles in Ordnung und wegen der Brüskierung Ihrer Eltern dürfen Sie sich wirklich keine Gedanken machen. Grosseltern sind noch nie umgekommen wegen eines Enkelkindes. Im übrigen sind Sie das reine Wunder, dass Sie nach den Verwüstungen in Ihrem Bauch jetzt imstande sind, ein Kind auszutragen. Ich werde Sie in einem medizinischen Panoptikum ausstellen. Das war wie ein Ritterschlag, und A. reiste getrost nach England. Vorher hatte es Schreibereien gegeben, die Mutter einer Frances, die man vom Bergsteigen kannte, war bereit, die Freundin ihrer Tochter, sicher tüchtige Schweizerin, wenn auch in andern Umständen, in ihren Haushalt aufzunehmen, wollte mit ihr Englisch sprechen, und sie würde als Gegenleistung Salate rüsten, zugreifen hier und dort, sich mit ihr unterhalten, da der Ehemann und die Nurse, ein engeres Paar als das Ehepaar, an Rheumatismus litten und im Gehirn vertrocknet waren, Keats nicht kannten und den Spectator wegwarfen. A. konnte «Season of mists and mellow fruitfulness!» auf Anhieb und herbstgerecht auswendig – es war, wenn sie sich recht erinnert, September, als sie in Devon ankam –, sprach aber den Titel der Zeitung lateinisch aus. Madam wies leise auf «spe'teite» hin, gab zu erkennen, dass die Kenntnis von «To Autumn» sie freute, dass es aber keineswegs ein Hinweis auf Kultur bedeute, wenn man sein Wissen anbringe, in diesem Land nenne man Vorlautes «suburban», also von schlechtem Geschmack. Der Herr des Hauses, seit Jahrzehnten aus indischen Diensten entlassen, ertrug das Pensioniertendasein nur, indem er den Kolonialstil auch in beschränkten Verhältnissen weiterführte, für jede magere Abendmahlzeit in der Küche seinen Frack anzog, darunter schlurfende offene Pantoffeln, er konnte sich nicht mehr bücken, um Schuhe zu binden. Abendkleider, wohl zwanzig oder dreissig Jahre alt, kamen im frostigen Schloss am

Meer in schöner Abwechslung zur Aufführung, A. mit ihren zwei Umstandskleidern suchte mit Tüchern etwas dekorativ zu werden. Viel war nicht zu machen. Sie schabte Gemüse, das aus dem Gewächshaus kam, ernährte sich roh und gesund, verzichtete auf «pies», wurde ausgelacht, und der Alte meinte gutmütig, das sei nicht gut für das Kind, «Sie werden ein Bergen-Belsen-Baby auf die Welt bringen, ein kleines mageres Gestell». A. war glücklich über diese Bemerkung, sonst wurde ihr Zustand geflissentlich übersehen, aus Rücksicht und Anstand selbstverständlich. «You are in troubles», hatte ihre Cousine in London zu ihr gesagt, bei der sie über Nacht geblieben war, bevor sie in die Grafschaft Devon weiterreiste. A. empfand die Bemerkung als delikaten Solidaritätsbeweis. Wenn es ihr auch nicht half, war er doch eine Anerkennung der Sorgen, die man sich selber machte, weil es so ungewiss war, wie es weitergehen sollte. Finanziell eben. Aber vorläufig lief alles so ab wie in einem Reisebericht, das skurrile englische Leben hatte eine Würze wie der grosse Wind, der übers Land fuhr. Der Ginster blühte auf den Höhen von Dartmoor, es sei gefährlich, sagten die unten in Teignmouth, aus der Strafanstalt könnten Sträflinge entweichen, die versteckten sich dann in den Hügeln. A. stellte sich vor, dass die Flüchtigen schwarz wären vom Moor und dass sie ihnen helfen würde.

Sie spazierte oft über die Hügel, musste aber auf Asphaltstrassen bleiben, denn sie führte an einem Strick Chloe mit sich, eine störrische Ziege, Liebling der Nurse, die ihrer Chloe die Zehen nicht abfeilen lassen wollte, da half nur eins, Chloe musste sich selber die Zehen wetzen, bei Spaziergängen auf Asphalt. Bisher hatte sich niemand gefunden, der auf diese tierpflegerischen Vorschläge eingegangen wäre, aber A. war begeistert. Auch, als sie nach Cornwall delegiert wurde, zur Tochter, die sich von einer Reiterin zur Farmerin hatte umschulen lassen. Man brauchte dort eine Person, aber das merkte A. erst später und musste darüber lachen, die durch ihre Anwesenheit verhindern sollte, dass der junge Farmboy und das französische Kindermädchen allzuoft in «each other's bedroom» steckten. Unverdrossen sattelte die Schwangere das wilde Pony, das Cherry hiess, ein hinterhältiges Biest war und für den kleinen John für den täglichen Ausritt bereitgehalten werden musste. Schöner war es, mit schweren Futtereimern in Stiefeln über den von Pferdefüssen aufgeweichten Hof durchs Gatter auf die Weide zu gehen und die Gänse und Enten zu rufen. Schrille Schreie, und es kam herangefiedert, gelaufen, halb geflogen, dutzendweise. Wenn sich die Pferde in die Fütterung einmischten, wurde es prekär, vor allem durfte der kleine Jimmy nicht von der Hand gelassen werden. Gespräche mit dem Glaser – der endlich kam, keine Fensterscheibe war mehr ganz, alle Winde Cornwalls bliesen durchs Haus –, der im Krieg im Busch Burmas gekämpft hatte und nur grinsend diese Zeit erwähnen konnte, so nahe war ihm noch das Entsetzen vor dem Dschungel.

Stoff für Briefe. Alles Stoff für Briefe an ihn, munter erzählter Alltag, frisch von der Leber formuliert, die Schreiberin dankbar, dass sie dem Mann mitteilen konnte, was ihr alles so passierte.

Warum schrieb sie nicht von ihrer Angst, als wilde Wehen auftraten und sie fürchtete, die erwartete, so überaus erwartete Frucht zu verlieren? Man hatte es sich eingebrockt, gewünscht, selber auslöffeln. Die Herrin des Hauses, Cathleen, die vom Rindermarkt zurück war, machte sich Gedanken, wie man eine Frühgeburt wärmen könnte. Indessen telefonierte A. mit dem Zürcher Arzt, der schickte Ampullen nach Cornwall. Der Tierarzt, für den Kater William gerufen, der krank geworden war, wurde beigezogen – machte umständlich die Spritzen, sie nützten. A. fühlte sich und das Kind gerettet.

So viel hatte sie überstanden, dass sie erwartete, abgeholt zu werden, als sie zur Geburt nach Zürich flog. Krankheit, Fieber, Nierengeschichten. Warten auf die Geburt bei einer Freundin; in die kleine Wohnung, in der alles bereit war für das Kind, ging A. nicht – wenn die Erinnerung da genau ist, aber sie war ja eingeklammert, in der grossen Erwartung, überwölbt von nichts anderem als dem unbekannten gewaltigen Ereignis, das sie einvernehmen sollte, nichts anderes war in ihr, als der Wunsch dem standzuhalten; sie empfand es ja auch wie eine Auszeichnung, endlich dabeizusein – und der Mann aus der Ostschweiz, der in allen Gedanken hier einbezogen war, trat etwas geniert auf, gab sich gelassen, mit der Geschäftsmappe unter dem Arm, denn Geschäfte führten ihn in die Stadt. Er sah A. an. Sie war, weil sie krank gewesen, schon drei Wochen vor der Geburt in der Klinik, er fand ihren Bauch nicht hoch und erkundigte sich, ob wirklich das Kind drin stecke, denn offenbar bewegte sie sich nicht schwer wie eine Schwangere. Eine Freundin nahm sie mit auf einen Spaziergang halb auf den Üetliberg, als sie wieder gehen konnte, eisige Wege, es war Februar und kalt, sie trat beim Hinuntergehen fest auf, damit das Ganze sich senke, das Kind zur Öffnung hinunterrutsche.

Da war aber schon die kleine Klinik gewesen, das

Zimmer von drei Frauen belegt, die etwas bang kamen, sich einrichteten und dann hinunter gingen ins Gebärzimmer. Oder sie kamen als strahlende Wöchnerinnen zurück, meldeten, ob es ein Bub oder ein Mädchen war und warteten, bis das Bündel wieder in ihren Armen lag und ob das erste Trinken an der Brust gut ging oder nicht. Sie hielten ihre Freude aber sanft zurück gegenüber A., die auf die Geburt wartete, ihr Kind noch im Bauch hatte. Sie merkten auch sofort, mit feinem Instinkt, dass da kein Mann ans Krankenbett von A. trat, weder Blumen noch Anrufe kamen, sie fragten nicht, sie taten auch nicht mitleidig, sie waren schwesterlich. Eine Solidarität, wortlos, brach auf, denn alle waren sie ausgeliefert einem Geschehen, zu dem es wenig zu sagen gab. Die sozialen Unterschiede, aber sie schüchterten nicht ein; es beeinflusste die Atmosphäre nicht, ob Bücher auf dem Nachttisch von A. lagen oder eine alte Illustrierte auf dem Nachttisch der Frau des Barmanns. Da war auch die Handwerkersfrau aus Schaffhausen, an die erinnert sich A. sehr gut, sie hatte den gleichen Arzt wie sie, es war ihr viertes Kind in einem Haushalt von vielen Erwachsenen, sie musste sich auch um das Gewerbe ihres Mannes kümmern, sie hatte das Kind nicht gewollt, war überfordert, konnte es nicht sagen. Ihr Arzt hatte, ohne viele Worte, ihre Lage erfasst, er handelte, indem er den Ehemann, der so viel von seiner Frau als selbstverständlich verlangte, höflich einlud, bei der Geburt seines vierten Kindes dabeizusein. Der Mann aus Schaffhausen konnte nicht kneifen, und als er bleich wurde und bat, in den Gang hinaus zu dürfen, um Luft zu schnappen, wurde diese Bitte vom Arzt und der Hebamme überhört, der Fluchtweg war wie nebenbei verbarrikadiert, der Mann durfte bleich werden, während seine Frau in den Wehen lag. Er kam dann später mit Blumen, die Frau stellte fest, dass er noch nie im Leben so nett zu ihr gewesen sei, sie wisse nicht, was da passiert sei. Sie lebte auf, ihr viertes Kind schien ihr Glück zu bringen.

Das alles sah A., lebte mit, die Freuden und die versteckten Leiden, und als sie selbst in den Gebärsaal kam, war alles nicht mehr so einschüchternd fremd, sie schrie nicht, schaute nur auf dem harten Schragen liegend gebannt auf die Uhr an der Wand, deren Zeiger nicht zu rücken schienen. Ewigkeiten, geschüttelt von Wehen. Kein Lachgas. Gelassenes Atmen? Sie hatte in England ein Buch darüber gelesen, wohl auch etwas geübt, wurde dann aber überrannt von den Ereignissen, die Hebamme hantierte gelassen, der Arzt kam, fand alles normal und richtig, hielt das Bündel hoch, rot angelaufen, spitzer Kopf, wie ein Feuerwehrhelm, es japste nach Luft, hatte Fruchtwasser geschluckt. Das alles aber war weit entfernt, auf einem andern Stern, A. konnte es nicht fassen, als man ihr das Kind, stramm eingewickelt, in die Arme legte. Glückseligkeit ohne Grenzen, es war wahr, es war da, es lebte. Ein Sonntagskind, sagte die Schwester, die Uhr stand zwei Stunden vor Mitternacht, bevor der Montag anfangen sollte. Es war der Ehrgeiz der Hebamme gewesen, es mit dem Sonntagskind zu schaffen, als Extrazugabe. Es war A. gleichgültig, auch später, als man ihr sagte, du hast Glück gehabt, es ist ein Sonntagskind, war das nebenbei gesprochen. Der Sonntag hatte nichts mit dem Glück zu tun. Man liess sie aber liegen mit dem Kind auf dem Gebärschragen, es habe Zeit, sie ins Zimmer zu schaffen, das Kind zu den andern Säuglingen zu legen, es hatte Zeit. Die Zeit stand still, nichts musste getan werden, nichts unternommen, nichts gesorgt. A. bekam eine Tasse Kaffee, neben der Schnabeltasse stand ein winziges Sträusschen auf dem Plateau, die Küche gratulierte. A. brach in Tränen aus.

In der Anderthalb-Zimmerwohnung war's dann zeitweise aus mit der Seligkeit, das Knäblein war ganz mager, als man es auswindelte, und mit dem Stillen haperte es auch. «Ich würde so gern irgendwo unterkommen, ich möchte irgendwohin, wo man nach mir schaut», sagte A. Sie gab ihre Schwäche und ihre Erschöpfung zu. «Du musst halt jetzt für jemand anderen sorgen, musst dem Kind ein Nest bauen», meinte die Freundin, eine Spur ungeduldig über die Unselbständigkeit der selbständigen A. Hatte sie sich Illusionen gemacht, sich eingebildet, starke Arme würden sie auffangen?

Fünfter Tag,
ein Besuch kommt nach León

Als ich in León nach einem Tag Abwesenheit von meinen Reisegefährten wieder den Bus bestieg, war ich gesellschaftlich klassiert, aus dem Niemandsland herausgeholt, man wollte wissen, was ich von den Umfragen vor den Wahlen hielte und wieviel Prozent wohl die Kommunisten erreichten. Don Antonio wandte sich trübe ab, er glaubte nur an die vergangene Macht des Caudillo, der Ordnung gehalten hatte. Es war nämlich so, dass ich Besuch bekommen hatte von einer jungen Familie aus Madrid, ich hatte im Hotel am Extratisch gesessen, hatte die Führungen nicht mitgemacht, war aus dem chaotischen kleinen Auto mit den herumkrabbelnden Kindern direkt in den Reisebus gestiegen, die Freunde hatten mir, im Regen, lange nachgewinkt und den schwerfälligen Reisebus in ihrem leichten Gefährt auf dem Platz vor der Kathedrale zum Scherz noch einmal umkreist, wie ein Schiff von dem Lotsenboot noch einmal mit einem Extrabogen gegrüsst wird, bevor es die grosse Fahrt übers Meer allein antritt. Ganz plötzlich war ich jemand geworden. Vorher hatte man mich gar nicht einordnen können, ich schwamm im Unbestimmten, war nirgends festzulegen: ohne Rang, ohne Ring und soweit zufrieden aussehend, wie reimte sich das? Aber ich trug's ja auf mir, dass ich selbst nicht wusste, nie wusste und es auch nie wissen würde, wohin ich gehöre und zu wem. Als ich also unseren Wagen betrat, konnte man mich endlich einreihen, ich war offensichtlich geachtet und geliebt worden von der jungen Familie, also hatte ich in dieser Gesellschaft doch auch etwas zu sagen, war auszumachen in ihren Vor-

stellungen, war jemand, der zu jemandem gehörte, der seinen Wohnsitz, seinen Beruf, seine Richtigkeit hatte. («El País», unter den Arm geklemmt, hatte als Zeichen nicht genügt.) Es war an der Zeit, dass ich mit Hedwig redete, auf sie einging, ihr vorsichtig erklärte, dass ich wisse, wie das Alleinsein sei.

Bisher hatte Hedwig sich ausgewiesen als die Gruppengewohnteste. «Ich würde nie mit einer Gruppe reisen, die mehr als 20 Leute umfasst», hatte sie gesagt. Sie sass fest auf Platz Nummer eins und dachte nicht daran, zu weichen, auch als die Sitte einriss, die guten Aussichtsplätze den Benachteiligten hinten anzubieten. Sie behelligte niemanden, als sie ihr Portemonnaie verlor – bin selber schuld, hätte ja aufpassen können, es ist mir noch nie passiert –, schien auch immer sicher zu sein, ob der Regenmantel oder der Sonnenhut in die kleine Tasche eingepackt werden sollte. Sie stellte nie dumme Fragen, kaufte den Cognac weder zu früh noch zu spät, hielt sich an Ortskundige, wenn es um ein Extraunternehmen ging, sie lebte auf, wenn ein guter Tropfen getrunken wurde, war offensichtlich ein guter Kumpan, wenn die Junggesellen der Gruppe eine Spur über die Schnur hauten. Aber alles tat sie zurückhaltend, leise, nur der schmale Mund wirkte in seltenen Augenblicken traurig und verloren.

Ihre Erfahrungen reichten bis Delhi, die schönsten Souvenirs hatte sie aus der Sahara mitgebracht, und in Israel hatten sie alle zusammen Lieder gesungen, nicht ausgelassen, vielmehr gediegen. Ihre Reisegefährten, damals waren es Lehrer und Lehrerinnen gewesen, die während dieser Frühlingsreise schon die Herbstreise planten, ob Hedwig da auch mitmache? Mit ruhiger Würde gab sie bekannt, dass mit dieser Reise ihre Ferien aufgebraucht seien, erst im nächsten Jahr und wohl erst im Herbst stünden ihr wieder drei Wochen zu. Und diese Spanientage hätte sie sich eigentlich mit schlechtem Gewissen

genommen, denn anderthalb Jahre lang sei es ganz unmöglich
gewesen, sich vom Geschäft zu entfernen, man habe Umstel-
lungen vorgenommen, auf Computer umgeschult, alles sehr
schwierig zu meistern, sie unabkömmlich: «Und dann will ich
ja auch meine Kollegin, die jetzt allein die ganze Verantwor-
tung trägt, nicht im Stich lassen.»

«Wir können auch nicht Kaffee trinken mit den andern, wir
sind eingesperrt in unserem Büro. Das ist doch klar, es darf
eben nichts, gar nichts hinaus.

Was hinausgeht, das sind nur Nummern und Zahlen, die
müssen genau stimmen. Nur wir wissen, wer und was dahinter
ist. Natürlich hätte ein Mann in meiner Stellung die Prokura
oder wenigstens die Unterschrift.

Herausgenommen haben wir uns jetzt allerdings eine halbe
Stunde Pause, um Zeitung zu lesen, wir müssen doch auch
orientiert sein.

Ich habe auch schon mit den Herren diskutiert, ob ein
Mann zuverlässiger sei oder eine Frau. Und sie sagten etwas
sehr Kluges: Eine Frau mit 25, die ist unsicher, sie wird
heiraten, aber ab 40 sind Frauen zuverlässiger als Männer,
eine Frau ab 40 ist mit dem Geschäft verheiratet.

Nie habe ich um eine Lohnerhöhung gebeten, sie sind
immer schön nachgekommen. Und die Gratifikation zu Weih-
nachten ist beträchtlich – fast zwei Monatsgehälter – das muss
ich schon sagen.

Und denken Sie, diese teuren Reisen, die ich mir leisten
kann. Und ein Auto habe ich jetzt auch, mein Vater lebt im
Thurgau, ich besuche ihn regelmässig.

Dem Vater schreibe ich von den Reisen jeden Tag, einfach,
was so passiert ist, wie ein Tagebuch.

Mit meiner Schwester habe ich geschimpft, dass sie mir nicht
sagte, dass der Schwager Ehrengast war bei einer Zunft, ich
sah ihn plötzlich am Sechseläutenumzug, stellen Sie sich vor,

und ich hatte keine Blumen mehr zum Werfen. Ich habe einen wunderbaren Schwager.»

Und zum Gebildetsten der Gruppe gewandt: «Sie kennen ihn sicher, Herr Doktor.»

«Ja, diesen Krug habe ich mir gekauft. Ich habe zu Hause auch so einen schönen Berner Krug, der erinnert mich immer an die Geschichte mit dem Grazer, der mir einen Riesenstrauss roter Nelken brachte, die sahen im Krug sehr schön aus. Nur mir können so dumme Geschichten passieren, meine Kolleginnen lachen mich noch heute aus deswegen. Kommt er da doch an einem Samstagmorgen um zehn Uhr, um mir einen Besuch zu machen, ich im Morgenrock. Als Ausrede sage ich, mein Freund sei immer noch da, das war nämlich meine Entschuldigung gewesen am Abend vorher. Ist das nicht frech von dem Grazer? Vielleicht, wenn ich aufgeräumt gehabt hätte – ich habe schon zwei Zimmer –, aber die Küche war noch in völliger Unordnung.»

Wir fuhren seit zwei Stunden durch fruchtbares Land, die Felder waren bestellt. Hedwig passte die Menschenleere aber nicht, und sie meinte:

«Sie arbeiten mir zu wenig auf dem Land.»

5

Das süsse Fleisch

«Wem sieht das Kind eigentlich ähnlich?» fragte die Nachbarin, als A. nach Monaten wieder die Treppe in ihre kleine Wohnung hinaufstieg, den Kleinen im Arm.

A. störte diese Bemerkung nicht, es konnte sie nichts mehr stören, sie war unverletzlich geworden; es war das Kind, ihr Kind, das schönste und einzigste. Es roch gut, es duftete am ganzen kleinen Körper. Die Haut eines glücklichen Säuglings ist eben wie eine Blume, sagte sich A., wenn Hinweise auf gute Pflege gemacht wurden. Sie schnüffelte an ihm herum. Sie badete das winzige Kind in der herbeigeschafften Blechwanne in der Küche und lachte. Schrie das Kind, legte sie es sich auf den Bauch, ging in ihren anderthalb Zimmern auf und ab und löste seine Unruhe mit Körperwärme. «Müggerli, Schnugger, Düseli, Löiseli», sang sie und war glücklich, dass nach anfänglichen Schwierigkeiten die Milch floss. Ihren Brüsten, etwas mager geraten, war auf der Geburtsabteilung der Klinik nicht viel an Weiblichkeit zugetraut worden, später ging's ohne Anstrengung wie von selbst. A. hob den Pullover und konnte in Ruhe die Zeitung lesen, während das Kind sich nährte. Die Stillprämien der Mütterberatung sackte sie ein, sie waren niedrig, aber ein willkommener Zuschuss für den anspruchslosen Haushalt, und es war das erstemal, dass A. für etwas Privates, ihr Selbstverständliches von einer Institution Geld annahm.

Das Wort «meins», wenn sie das Kind hätschelte, wagte sie nicht auszusprechen, höchstens in Schlafliedern, «mein Weidenkätzchen» und «mein Schäfchen». Reime, Geflüster, Laute, Geplapper. Die täglichen Hantierungen mit sinnlosem Reden begleiten. Auch «Mister Churchill» nannte sie das glatzköpfige Bürschchen oder respektvoll «Sir», mit Leihgaben habe man distanziert umzugehen, redete sich A. zu. Lauter Zärtlichkeiten aber, die das zarte Kind später mit anhänglichen Worten, empfindsamen Bemerkungen, behutsam streichelnden Händchen zurückgab. Das kam einfach so, es ergab sich, weil jeder des andern nächster Mensch wurde. Jetzt waren Anmut und Fülle ausgebrochen. Dass ich das jetzt darf, jubelte A. und schloss alles andere aus. Oder es wurde wie nebenbei getan und nur zum Zweck, die zerbrechliche Zartheit der Kinderstube vor Stürmen zu bewahren.

«Sie sehen aus wie eine Wöchnerin», meinte die Frau unten im Milchladen, als A. wieder Einkäufe machte in der Gasse. Sie sei es auch, strahlte A. und ging nicht darauf ein, dass die Bemerkung vielleicht perfid gemeint war.

Nichts kümmerte sie als die täglichen Verrichtungen, die ordentlich geführte Kurve der Gewichtszunahme, das Waschen der Windeln in der Küche mit Lichtschacht, das Richten der Jäckchen und Mützchen, das Beschaffen eines Kinderwagens, in dem der Prinz, wie der Vater, der etwas betreten dem Treiben zuschaute, das Kind nannte, ausgefahren werden könne.

A. fand den Ausdruck unpassend, aber sie kümmerte sich noch nicht darum, zuviel Alltägliches war zu bewältigen. Die Cousine brachte einen altmodischen Kinderwagen und sagte zu A., gib mir mal das Kind auf den Schoss, damit du es endlich dir gegenüber und von vorne siehst. Das war sehr schön, und A. war glücklich, als Mutter so ernst genommen zu werden. Einmal meldete sich ein alter Freund, Carlo. Er hatte früher einmal der alleinstehenden Journalistin seine Hilfe angeboten, er hatte eine hohe Stellung, er war mächtig. A. hatte damals nicht reagiert, sie brauchte keine Beziehungen. Jetzt bat er, A. und das Kind besuchen zu dürfen. Er bot diesmal weder Ratschlag noch Hilfe an, er fragte auch nicht nach der Situation der beiden. Er ging auf Zehenspitzen ins kleine Zimmer, wo das Kind schlief, es schien winzig und dürftig unter dem dicken Kissen im hochbeinigen, schmalen Bettchen, Carlo beugte sich lächelnd vornüber, ganz ungeniert fasste er die Kanten des Holzbettchens, lächelte und sagte «das süsse Fleisch». Das war für A. die innigste Anteilnahme an ihrem Glück. Alle andern hatten gesagt, ja, du musst jetzt halt Mutter und Vater sein, aber du wirst es schon schaffen.

Die Pläne waren vielfältig und feinverästelt ausgebaut, aber wohl unscharf. An gar nichts anderes dachte A., als es dem Kind behaglich und lustig zu machen, einen bekömmlichen Lebensraum zu schaffen für das Wesen, das aus einer Welt auf diese Welt gekommen war und für das sie nun verantwortlich zeichnete. Das war der Aufruf. Die Gitterstäbchen des kleinen Bettes wurden mit Lysol reinlich gehalten, später die Stäbe des Laufgitters gerichtet und mit Spielzeug behängt. Keine Zweifel für A., dass der Hag den besten Raum gerade für dieses Kind umschloss. Als es dann zum erstenmal, mit elf Monaten, über das Gitter kletterte und in das Unbekannte ausserhalb des Ställchens fiel, war es Zeit, dem Kind einen neuen Platz zu schaffen, nämlich Tisch, Stühlchen in der Fensterecke. A. nannte es das Büro des

Kindes und richtete ein Gestell für dessen Bilderbücher und für alle seit Jahren gesammelten Publikationen mit Kinderreimen.

Nachdenken über A.: A. griff also ohne Bedenken in die Schätze ungebrochener Überlieferungen vieler Kinderstuben, sie sang auch abends immer ein frommes Lied und hielt die Hand des Kindes, bis es ruhig wurde und einschlief. «Herr bleibe bei uns, denn es will Abend werden, und der Tag hat sich geneiget.» Später dann, als das Kind mit heller Stimme in den Kanon einfiel, würde A. endlich in den Sinn kommen, dass sie aus Übermut und Trotz die Hilfe des Himmels damals nur aus rhythmischen Gründen, nie aber aus Einsicht erfleht hatte und überzeugt war, das Unternehmen aus eigener Kraft zu bestehen.

Viel Trotz war in ihr und sehr viel Ungeduld. Das Kind sollte es anders haben, als sie es gehabt hatte, und sie war bereit, auf jede feinste Äusserung zu hören, die andeutete, dass das Kind vergewaltigt und zu irgend etwas gezwungen würde, das ihm weh tun könnte. Sie stellte sich das Bübchen nicht vor in den ersten Hosen oder mit dem Schulsack am Rücken, und sie schüttete sich aus vor Lachen, als die Nachbarsfrau am dünnen blonden Haar des Kindes herumbürstete und den Augenblick voraussah, wo es genug Haare hätte, um eine Locke auf dem Köpfchen zu formen. Sie fieberte auch nicht dem Augenblick entgegen, in dem das Kind das erste Wort aussprechen würde, und das wäre ein stolzer Augenblick. Stolz war sie dann aber, als sich später einmal das Kind weigerte, am Sechseläutenumzug mit- zumachen, um so den Nachbarkindern im Biedermeier- kostüm nachzueifern. Ohne Einflussnahme der Mutter, die sowieso dagegen war, weil sie nicht zu dieser Gesellschaftsschicht gehören wollte, welche verkleidet durch die Strassen zog und sich Sträusschen zuwerfen liess.

Tag um Tag, sorgfältig und mit Schonung, so glaubte A. vorzugehen. Sie erinnerte sich an ihr Kinderdasein, dem so wenig Verständnis entgegengebracht worden war, wie sie hinterher zu verstehen meinte, und wollte es eben viel besser machen. Zwar hatte sie wohl damals selber den Wunsch geäussert, an die Fasnacht zu gehen, damals mitzulaufen, zu schreien, den Leuten mit der Klapper auf die Schultern zu schlagen.

Man steckte sie in ein rotes Harlekin-Gewand, die steife Halskrause schwarz, der weisse spitzige Hut mit roten Pompoms. Der Vater trat in Aktion, was selten vorkam, er schwärzte über der Flamme des Gasherdes einen Korken, er malte dem Kind einen Schnurrbart ins Gesicht. A. weiss noch, wie glücklich sie darüber war, dass man ihr so viel schnauzige Munterkeit zutraute. Man sagte ja auch immer: ‹Unser Kind ist ein Lustiges, immer gut aufgelegt, lacht einem alle Sorgen weg, es macht Kapriolen, es ist ein Paillasse.› — Später in den Strassen kam A. sich erbärmlich vor und lächerlich. Der Übermut hatte sie längst verlassen, die Leute waren gross, die Strassen mit Konfetti bestreut, gellende Stimmen, keckes Anreden, es war nur mehr entsetzlich. A. völlig hilflos im roten Harlekinkleid, wohin konnte sich sich verkriechen?

So etwas sollte dem kleinen Kind hier nicht widerfahren, da war A. ganz sicher, dass sie das aufhalten könne. Sie beugte sich zu dem kleinen Wesen, wollte nicht grösser sein als es, wollte es nicht erschrecken, mit ihrem Erwachsensein und wollte seine Empfindungen sorgfältig beachten.

Es weinte aber doch, das war nicht aufzuhalten. Es weinte auch, wenn die Mutter wegging, und A. musste weggehen und ging auch weg, wollte es auch.

Es war so, dass einem das Herz brach. In der Wohnung hörte man es, wenn frühmorgens um sechs Uhr Frauen die noch dunkle Gasse hinunter ihre Kinder in die Krippe brachten. Manchmal schoben Väter die Wägelchen, aber immer hastig, sie mussten an die Arbeit, die Kinder waren aus dem Schlaf gerissen worden, sie weinten. Es war schon eine gute Krippe im Altstadthaus, helle Stuben, freundliche Frauen, die das Bündel an der Tür entgegennahmen und abends das Kind wieder durch die Tür reichten, wenn man den Namen des Kindes sagte. Mit der Zeit brauchte man den Namen nicht mehr zu sagen, «Ach, ja, Graziella ist parat», sagten sie dann etwa. Oder: «Pipo hat Fieber, morgen dürfen Sie ihn nicht bringen.» Und A. übernahm das fiebernde Kind, suchte nach einem Arzt, musste die Reportage, zu der sie sich für den andern Morgen verpflichtet hatte, verschieben. Aber nie gab sie zu, welche Schwierigkeiten das bereitete, dass auch ein freier Beruf nie so elastisch war, dass man ihn nur nachts ausüben konnte, wenn das Kind schlief. Und jede Schreibmaschinenzeile war von der Kinderstube abhängig und wurde ja auch für die Kinderstube verfasst, um die tägliche Nahrung zu kaufen und den Mietzins zu bezahlen. A. war sehr stolz, dass man ihr nie ansah, wie bitter notwendig das bescheidenste Einkommen war. Und wenn sie nicht weitersah, nicht wusste, wie sich alles ordnen würde mit der Zeit, so waren diese Tränen, die sie damals weinte, gute Tränen der Not, nicht der Verzweiflung.

Längst waren andere Sorgen aufgetaucht, die liessen

sich nicht mit Keckheit lösen. Deshalb wohl bereitete ihr das Durchsetzen im Beruf keine grossen Beschwerden. Sie sprang über jene Hürden mit fast spielerischer Leichtigkeit, denn das war für sie ein sachliches Feld, nicht belegt mit Ressentiments. Sie bot ihre Arbeit an, verrichtete sie so gut wie möglich in einem Gebiet, auf dem sie etwas gelernt hatte, und verlangte dafür ein entsprechendes Honorar. Zurücksetzung als Frau? Sie nahm sich die Vorteile heraus, nämlich Teilzeitarbeit, genau so viel zu arbeiten, wie es freie Stunden zuliessen, genau so viel zu verdienen, wie man für Wohnen und Essen brauchte. Die Balance zu halten aber war ein Kunststück. Der Ehrgeiz lag im Muttersein, darum gelang das andere, das Berufliche. Zwar musste A. die Augen schliessen vor dem, was kommen würde, wenn die Bedürfnisse wüchsen, die Kräfte aber nachliessen, der Markt für freischwebende Journalisten sich vielleicht schlösse. Aber da war eben doch, uneingestanden, die Hoffnung auf den Mann, den Vater des Kindes, der eines Tages da sein würde und sagen: «So, das ist jetzt meine Sache.» Das muss A. einfach zugeben, dass es so war. Und dass sie sich mit Illusionen vollstopfte, wenn sie zusammen mit dem Kind zerdrückte Kartoffeln und Rübchen ass.

Wenn ich hier Auskunft zu geben versuche über die Person A., in ihren Tagebuchseiten nachlese, im genau geführten Kalender nachblättere, ihre Erinnerungen aufstöbere, darzulegen suche, was sie tat und was sie nicht tat, mich die Möglichkeiten und Unmöglichkeiten eines Frauenlebens in den mittleren Jahrzehnten unseres Jahrhunderts interessieren, muss ich dann nicht die Frage nach der Emanzipation stellen? Hat A. ihre Freiheiten genutzt, vielleicht sogar Wege eingeschlagen zu neuen – riecht dieser Bericht dann nicht nach Rechtfertigung und wäre eine Reinwaschung, weil ich diese Person A. gut kenne und ihr nachfühlen kann, was sie litt, was sie freute und was sie aus diesen Empfindungen heraus dann tat und in Bewegung setzte? Und wie sie hasste und liebte und immer meinte, recht zu haben?

Einen Zeitabschnitt im Leben der Person A. möchte ich beschreiben. Meine Sympathien sind allerdings sehr einseitig verteilt. Aber wie könnte ich den Einfluss, den eine Kindheit, die aufblühende Kindheit eines eigenen Kindes, auf den Lebenslauf einer Frau hat, darstellen, wenn ich es nicht selbst erfahren hätte, wie veränderbar ein Leben wird durch Begabungen, Phantasie, die Grazie auch eines aufwachsenden Kindes; welche ungeheuren Einbrüche ins Gemeinte und Gewollte des eigenen Lebens da stattfinden, wie sehr sie eine Biographie stärken und schwächen zugleich: Man kann sich leicht wehren, weil's für ein Kleines ist, es sind einem aber auch Hände und Füsse gebunden, wenn man nicht in gewohnte Bahnen einbiegt, sich einbildet, gegen den Strom von Konventionen schwimmen zu können, ohne sich dabei dem eigentlichen Lebensstrom entgegenzustemmen.

A. schwamm gegen den Strom.

Sie wollte die Familie zwar nicht allein bewältigen, denn da war der eigenartige Mann, der sich so sehr einen Sohn gewünscht hatte, aber jetzt, als er da war, andere Rücksichten zu nehmen hatte, als A. beizustehen und das Leben einer alleinstehenden Frau und eines Kleinkindes, das langsam, stetig in seinen eigenen Lebensraum vorstiess, mitzugestalten. Sie hatte das Kind gewollt, sagte sich A., alles andere würde sich ergeben, und wenn keiner ihr beistand, dann eben allein. Hilfe, weil sie selbst als zu schwach angesehen werden könnte, lehnte sie ab. Sie hätte sie ganz gewiss bekommen. Auch einen Zustupf der eigenen Familie, möglicherweise, wenn sie sich nicht energisch abgewandt hätte, weil man ihrem Unternehmen, ein Kind allein durchzubringen, nur Einwände und alle «Wenn» und «Aber» mittelständischer Bedenken entgegenbrachte. Dann also nicht. Trotz und Enttäuschung.

Aber es war A. immer klar gewesen, dass ein Kind später einmal nicht nur «meine Mutter» im Munde führen können wird, sondern ebenso klar «mein Vater» sagen können muss und etwa «das Lisabeth, meine Cousine» und «der Grosse da, das ist Asas, mein Vetter». Und Tanten und Onkel mussten vorgewiesen werden. Das würde sich ergeben, und es ergab sich dann auch. Alle konnten sie mit der Zeit aus dem Bernbiet rekrutiert werden, wo A. herkam, da ja die Ostschweiz, das Land des Vaters, ausfiel. Dass der Vater selbst nun nicht ganz ausfiel und auch ausserhalb der Wohnung A.'s als solcher galt, das waren die Wünsche der jungen Frau. Es lief nicht so wie erdacht. Das brachte die ersten Risse ins erträumte himmlische Zelt.

Wir finden nun A. im städtischen Büro, vor dem Guichet eines Beamten der Einwohnerkontrolle, um Philipp Walter Andreas anzumelden. Sie streckt dem Beamten die Hand entgegen und bedankt sich für die korrekte Art und Weise städtischen Beamtentums, unehelich geborene Kinder ins Register aufzunehmen. Sohn einer Mutter, die Zeile des Vaters wird leer gelassen, keine Bemerkung. A. hatte noch in der Klinik einen freundlichen Brief bekommen, sich doch bei

Gelegenheit, das heisst nach völliger Genesung, zu melden, um den neuen Bürger einzuschreiben. A. hatte sich zu diesem Gang zur Einwohnerkontrolle ihres Wohnkreises mit Freude aufgemacht, hatte sich auch nett gerichtet.

Die zweite Amtshandlung nach der Geburt des Knaben ging nicht so glatt, obschon A. sich für die Begegnung mit dem Amtsvormund vorbereitet hatte. Nur schon die Aufforderung dazu brachte sie in Harnisch: vorgedruckt, ein Zettel, «Betreffs Ihres a.e. Kindes haben Sie zu erscheinen: Amtsvormundschaft Büro so und so.» Die Vorladung galt für vormittags zehn Uhr. Wie sie sich das so dächten, telefonierte A., um diese Zeit stille sie das Kind, sei nicht abkömmlich. Dass sie nicht die einzige sei, welche sofort die elterliche Gewalt über das eigene Kind wünschte, nicht die einzige, die den Namen des Vaters nicht zu nennen gedachte, nicht die einzige, die sich über das Kind freute (nun aber doch etwas kopfscheu wurde durch das moralische Benehmen des Amtsvormundes), das wusste A. Sie war 35 Jahre alt. Sie hatte sich erkundigt, wie es dann so sei, war also vorbereitet, aber doch selber beladen mit vielen Vorbehalten, dass man einem Kind eine ungewöhnliche Situation zumute, eine unvollständige Kleinfamilie nämlich. Dann die Schwäche nach der Geburt, die hemmte, unverdrossen mutig zu sein.

Die andern sassen auf der Holzbank vor den Büros der Amtsvormünder 1 bis 13 und warteten, vorgelassen zu werden. Sie waren jung, und sie sprachen nicht. Sie hatten oben im Kantonsspital Kinder geboren, sie wirkten robuster als A., aber alle hatten sie diesen kleinen wehen Zug um den Mund, ein kleines Kind zuhause, für das sie zu sorgen hatten. Alle würden sie sich einschüchtern lassen durch Vorschriften, welche die Herren auswendig kannten und auf die sie wortgewandt und sehr freundlich ihre Klientinnen aufmerksam machen würden. Fall X bei Amtsvormund F., zugeteilt nach alphabetischer Ordnung. A. trat ein. Der kleine Herr tat freundlich, nahm die Akten, als Fräulein X, nicht wahr? A. dachte an die Gestalten auf der Bank vor der Türe, die durch mehr hindurchgegangen waren, als der studierte, kleine, in seinem Amt aufgehobene Amtsvormund. «Fräulein? Wie wagen Sie es, mich so anzureden.» Und genau von jetzt an konnte sie plötzlich reden, sich wehren, kannte die Worte, scheute sich nicht mehr, weil sie wusste, dass die andern die Antworten auf solche hämischen Verletzungen nicht gelernt hatten, sie vielleicht auch gar nicht als solche empfanden. Aber dass man ihnen, weil sie, standesamtlich, sich nicht an einen Mann verkauft hatten, keinen Vertrag eingegangen waren, nicht in erster Linie die eigene Versorgung angestrebt hatten, die Fähigkeit absprach, für ihr Kind recht zu sorgen, das verstanden sie ganz gewiss.

«Wenn Sie uns den Namen des Vaters Ihres Kindes nicht angeben, müssen wir doch annehmen, dass Sie nicht wissen, wer der Vater Ihres Kindes ist», dozierte der Herr Dr. F. Er war enttäuscht, dass er keinen Vaterschaftsprozess anstrengen konnte, einen saftigen, gegen einen Intellektuellen, das hätte dem kleinen Amtsvormund so schön gepasst. A. versuchte es auf andere Weise. «Sie sagen», meinte sie zurückhaltend und erhob sich für einmal nicht in voller Länge vor dem Amtsvormund, «dass Sie die Interessen dieses Knaben Philipp Walter Andreas vertreten, von Amtes wegen wollen Sie sein Bestes. Sie machen mich auf Mängel seiner Papiere aufmerksam, Sie wollen sie beheben, wollen alles gut ordnen bei dem etwas danebengeratenen Start eines Bürgers dieser Stadt. Zufälligerweise will ich dasselbe. Ich bin die Mutter des Kindes. Ich habe es gewollt, es mir immer gewünscht. Ich möchte nach Möglichkeit alles gut ordnen für das Kind, ich möchte sein Bestes. Demnach vertreten wir beide dieselben Interessen. Warum können wir nicht zusammenarbeiten?»

Diese verzweifelte Ansprache beim dritten Besuch auf Büro 4 ging daneben.

Damals hätte es A. lernen sollen, dass alle andern es besser wissen, was einem Kind gut tut, als dessen uneheliche Mutter. Sie wurde zur Feindin des Kindes gestempelt, das sollte so bleiben. Bestand das Kind eine Aufnahmeprüfung, geriet es in allen Teilen wohl, tat es das «trotzdem», obwohl die Mutter alleinstehend war und berufstätig; und ihr Beruf, zwar erfolgreich mit der Zeit, hatte doch etwas Flatterhaftes, Unstetes an sich. Das war das Urteil der Umgebung. Dann auch kein Rang in Aussicht, keine Pension, nicht einmal eine Lebensstellung. Die Lehrer wussten es besser, am besten wusste es später der Rektor des Gymnasiums, und der Lateinlehrer, der schlechte Noten des Schülers Ph. W. A. dem Milieu des Knaben zuschrieb. «Wir kennen ja Ihre privaten Verhältnisse», sagte er bedauernd zu A., als sie wegen einer kopfhängerischen Periode des Sohnes mit zunehmend ungenügenden Noten hatte antreten müssen. A. reut es noch heute, dass sie sich nie mit Ohrfeigen wehrte. Sie war brav und passte sich an. Vorläufig war alles eine Frage des Geldes.

Der sechste Tag, in Puertomarin:
Gesten und Hantierungen

Herr B. weint und hält seiner Frau die Hand. Er ist so bewegt, dass er nicht sprechen kann. Auf irgendeiner Strasse in diesem Land ist es passiert, dass Frau B. vom Schutzblech eines unachtsam aus der Einfahrt fahrenden Autos am Schienbein leicht geritzt wurde, es blutete, eine Apotheke war in der Nähe, half, aber dann war doch ein kurzer Aufenthalt im Spital angezeigt. Sepp, der oberste Verantwortliche, hatte es so gewollt, alle Vorsichtsmassnahmen mussten getroffen werden, da durfte nichts unter den Tisch gewischt werden, auch das Pflaster für Frau B. nicht. Sie ist ein bisschen bleich um die Nase, wie sie so als Gezeichnete und irgendwie Ausgezeichnete wieder unter uns sitzt. Herr B. wischt sich ohne Scham die Tränen ab, ich hätte sie verlieren können, meine Frau, sagt er, sie lacht ein bisschen, findet es ein wenig übertrieben. Aber sie erzählt doch gern die Geschichte einer früheren Wunde, ausgerechnet am gleichen Bein, und da hatten sie doch gerade für Marokko gebucht, für drei Wochen.

Später weiss ich, dass Herr B. diese sichere Handbewegung hat, weil er Massschneider war, seine Bewegungen sind gezielt, er weiss, wohin seine Hand greift. Die fahrigen Bewegungen eines Säuglings wies Herr H. auf, als er seine Frau, die sich erbrechen musste, aus dem Reisebus an den Strassenrand begleitete. Was blieb ihm anderes übrig, als zu seiner Frau zu stehen, als es ihr übel wurde? Aber wo bringt man seine Hände hin, welche Armbewegungen sind zu vollziehen? Seine Frau war ja immer so korrekt und brauchte keine Hilfe, sie war immer adrett angezogen, der Mantel rutschte nie weg, das

Halstuch blieb nicht liegen. Konnte er kochen, Herr H., in der Küche seiner Frau einen Topf reichen, die Löffel auf den Tisch legen?

Er ist aber sicher im Hantieren mit der Kamera, und das kleine Diktiergerät ist auch immer zur Hand, da werden Lichtstärke und Sujet hineindiktiert, ich schliesse, dass es sich um einen Direktor handelt, der mit Sekretärinnen zu tun hat. Er lässt diese seine Stellung denn auch durchblicken.

Handgriffe sind meistens den Frauen überlassen. Sie sind seit Jahrhunderten daran gewöhnt, Gegenstände in die Hand zu nehmen, sie zu verschieben, an einen andern Ort zu stellen. Sie schnitten Gemüse, wuschen Wäsche, legten Kinder auf die andere Seite, zogen ihnen die Kleider über den Kopf, tätschelten ihnen Mut zu oder bestraften sie mit der Hand, wenn sie überstellig wurden.

Tina zum Beispiel, Tina, die so geradeaus spricht, keinen falschen Ton anschlägt, sie musste im elterlichen Laden in den Bergen oben Mehl abwägen, Zucker einfüllen, Flaschen über den Ladentisch reichen, als Kind schon, ganz allein, frühmorgens, bevor die Leute auf die Alp stiegen oder spät abends, wenn sie vom Heuet heimkamen. Das musste halt so sein, sagte sie, und jetzt führt sie mit sicheren Griffen ihren Stadthaushalt, und jeden Morgen und jeden Abend während der Reise packt sie die Koffer ein und wieder aus, richtet dem Sepp seine Anzüge, legt ihm seine Kleidungsstücke in der richtigen Folge und in der gut passenden Farbwahl aufs Bett, damit er sich entsprechend dem Ort und der Gelegenheit ausstaffiere. Er dankt es ihr, wenn er, müde geworden, während der Fahrt seinen Kopf an ihre Schulter legt.

Natürlich richte ich das Frühstück für meine Frau, sagt der amerikanische Professor, sie schläft morgens gern aus. Er sagt es stolz, und weil er das hier nicht tun kann, auf der Reise, macht er sie auf Motive zum Fotografieren aufmerksam, lässt den Bus halten, wenn er glaubt, der Ausschnitt sei günstig, verfolgt stolz die raschen Bewegungen seiner Frau, die älter ist als er und sehr hässlich angezogen. Er hat auch schon am ersten Abend darauf aufmerksam gemacht, welch einen gehobenen Beruf seine Frau ausübt. Wir sind beeindruckt, glauben den Stolz, den wir mehr als aus den Worten aus den freien Bewegungen der beiden entnehmen. Hier herrscht nicht die geringste Unsicherheit. Und doch Respekt. Die Frau dankt ihrem Mann mit freundlicher Aufmerksamkeit, fast mit Rührung im Blick, als er am Schluss, als Gruppendank, eine Rede hält und seine Rede gut ist.

Sie haben sich hübsch gemacht für uns, quittieren die Herren, als die Frauen mit frisch gewaschenem Haar, einer ein wenig veränderten Frisur, zum Abendessen kommen. Die Frauen nehmen das Kompliment gern entgegen, lächeln, betonen, wie billig in diesem Land die Verschönerung sei, stellen Vergleiche an mit zu Hause. Sie waren ja auch alle gemeinsam zur Coiffeuse gegangen, hatten den Entschluss gruppenweise gefasst, waren zusammen wieder ins Hotel gekommen.

Ich erzähle es niemandem, dass ich am fremden Ort immer ganz am Anfang ins Geschäft einer Coiffeuse gehe, wie um Sicherheit zu gewinnen. Denn wo immer es auch sei, wenn einem die Haare gewaschen werden, dann ist da, neben dem Geschäftlichen, so viel Freundlichkeit, so viel Vertrautheit in der Gestik, dass die Handlung fast wie eine Verschwörung wirkt, eine Verschwörung unter Frauen. Nie braucht man die Sprache zu kennen und die richtigen Ausdrücke zu wissen, andeuten genügt, man wird verstanden durch Hinweise mit der Hand. Wenn das Haar der Kundin gewaschen wird, wird gleichzeitig seine Qualität geprüft, eine Kopfbewegung deutet an, ob man den Schnitt gut findet, ein Kichern etwa zeigt, dass es sich um eine nicht landesübliche Dichte oder Feinheit des Haares handelt. Und immer wird man, nach ihrer Ansicht, durch ihre Behandlung schöner, darauf kann man sich verlassen. Da ist lauter Zuverlässigkeit, eine Sprache der Hände, die taugt, es entsteht so etwas wie Einverständnis. Einmal unter der Trockenhaube versorgt, auch akustisch abgeschirmt, liest man ringsum die Zeichen der andern Kundinnen, die Hantierungen der Angestellten. Die Chefin hat die bestimmtesten Bewegungen, manchmal ist sie hochfahrend gegenüber den Untergebenen, sie nimmt auch meist das Geld ein an der Kasse. Ob ich mir die Hände pflegen lasse, entscheide ich erst dann, wenn ich die Mädchen, die mit der Feile umgehen, in ihren Hantierungen sympathisch finde. Sie wollen es meistens zur Zufriedenheit machen, streichen auch gern einen Lack auf die Nägel, dessen Farbe sie für sich vorziehen, man muss sie nur machen lassen, es wird schon recht herauskommen, und es ist ein Spass. Es ist, als wäre man in den intimen Innenraum eines fremden Hauses eingeladen worden und hätte dort Familiäres zu spüren bekommen.

Eigentlich war nichts Besonderes an diesem Tag. Wir hatten uns romanische Torbögen und Kirchenräume angesehen, kannten uns nun schon sehr viel besser, waren uns näher gekommen mit Gesten oder hatten eine offene Abneigung gegeneinander gefasst. Doch die Disziplin der Fahrt hielt uns zusammen als Gruppe, wir waren höflich. Denn man musste sie in Kauf nehmen, nur so kam man zu den schönen touristischen Dingen, die zu sehen man sich vorgenommen hatte. Und die Priester verlangten von den Besuchern, die den Kirchenraum betreten wollten − in Jaca zum Beispiel und in Huesca, wo man uns erst gar nicht hineinliess, weil es dem Kustoden gerade nicht passte −, ein entsprechendes Benehmen, nämlich «respeto y compostura».

6

Trotzdem: die Kinderstube, und wie es darin so zuging

Vorläufig war alles eine Frage des Geldes. Das war aber A. nicht so ganz klar. Sie glaubte, wenn sie zu ihrer Situation stünde, zugäbe, wie wenig rosig sie sei – nichts Erspartes aber auch keine Schulden, Alimente monatlich von 150 Franken –, aber ihrerseits ein ehrliches Bemühen, sich mit Arbeit durchzuschlagen, von niemandem und nichts abhängig zu sein, sei das vertrauenerweckend genug. Und offene Haltung mache sich bezahlt; indem man ihr Vertrauen entgegenbringe.

Die Amtsvormundschaft schickte eine Fürsorgerin ins Haus, wo A. lebte, die kam zwar nicht in die Wohnung der Mutter und des Kindes, fragte aber bei Nachbarn, mit wem A. denn so verkehre, wer aus und ein gehe, wie das so sei? A. schäumte diesmal nicht, sie wurde blass. Von jetzt an kämpfte sie erbittert darum, jede Vormundschaft welcher Art auch immer loszuwerden und allein über ihr Kind verfügen zu können, nämlich so rasch wie möglich die elterliche Gewalt, wie der Ausdruck hiess, zu bekommen. Sie strebte vorläufig nichts anderes an als Nichteinmischung. Es war falsch, wie sich später erweisen sollte. Denn um die Vormundschaftsbehörde zu überzeugen, dass sie in der Lage war, das Kind richtig zu erziehen, musste sie dem amtlichen Vormund ein Papier vorweisen, einen geheimen Vertrag zwischen dem Kindsvater und der Kindsmutter des Inhalts, dass der Kindsvater bis zur Volljährigkeit des Knaben regelmässig seine Alimente von 150 Franken,

(«Jede andere Zuwendung ist freiwillig»), monatlich bezahlen werde; dass, zu Schulzeiten, eine angemessene Änderung der Beitragspflicht erreicht werden könne. Der Vertrag stellte also ein Fähigkeitszeugnis für A. dar, sie war ganz begierig darauf, sie versprach sich dadurch Unabhängigkeit und Freiheit nach demütigenden Verhandlungen mit Behörden, die über die Rechte unehelicher Kinder und deren Mütter entschieden. Dass ihr dieser Vertrag nur Unheil bringen sollte, sah sie erst nach Jahren. Es war in ihm da nämlich von Gegenrechten des Vaters die Rede, Alimente gegen uneingeschränktes Besuchsrecht und den Willen, später den Knaben vielleicht zu adoptieren. Die Mutter des Kindes war blind, sie übersah die Folgen nicht, ahnte nicht, dass menschliche Beziehungen sich wandeln können, zum Bösen auch, dass der Besuch eines Menschen, zu Zeiten ersehnt und viel zu rar, mit den Jahren störend und überfordernd sein könnte. Weil sich ja auch ein kleiner Haushalt mit nur zwei Seelen, eine kleine Familie mit einem Kind und einer Mutter, sich aus eigener Gesetzmässigkeit zu einem Revier bildet, anzieht, was dazu passt und zum eigenen Wachstum beiträgt, abstösst, was stört und hindert. Als Mutter und Vater nicht mehr befreundet waren, die Frau sich, enttäuscht, ja auch enttäuscht, vom Mann abwandte, weil er in Notzeiten nie zur Stelle gewesen war, sich nicht als Vater des kahlköpfigen Säuglings, oder doch nur unter geheimen Umständen, bekannt hatte, nun plötzlich aber seine Besuchsrechte als Vater des blonden Viertklässlers geltend machte, da ging es eben nicht, nicht mehr. Der Vater polterte, hatte plötzlich Zeit und Lust – so wenigstens kam es der vielfach verletzten Mutter vor –, in Erscheinung zu treten und Familie zu spielen im Nebenamt. Für A. und das Kind war diese Beschäftigung aber immer ein Hauptamt gewesen, manchmal auch ein hartes, und es war nicht einzusehen, warum ein Gericht jetzt plötzlich väterliche Rechte zu schützen hatte. Gerichte, Prozesse; Rechtsanwälte, die berieten und nichts ausrichten konnten. Die Richter waren selbst alle Männer, die für eine Familie eintraten, natürlich für die Familie, wie sie im Bilderbuch dargestellt wird: Der Vater, der es gut meint, nach aussen wirkt, die Mutter, die für den innern Bereich sorgt, das Kind, das sich nach männlichem und weiblichem Vorbild zu entwikkeln hat. Es entging der Aufmerksamkeit der Herren, dass der momentane Notstand des Vaters, der zu seinem Kind wollte, der Notstand eines Vaters war, der nie mit der Mutter des Kindes verheiratet gewesen war, sich nie um die Kinderstube des Kleinkindes gesorgt hatte, der keine Mauern errichtet hatte zum Schutze und zum Gedeihen des kleinen Kindes. Wie sich die Mutter am Anfang im Büro der Vormundschaft benahm, erwies sich später als falsch.

Sie hätte sagen sollen: Ich bringe Ihnen jederzeit einen angesehenen Mann als Vormund des Kindes, den Herrn Dr. so und so. Schauen Sie bitte nach, welches Vermögen und welches Einkommen er versteuert. Er übernimmt die Aufsicht über das Kind, wird es bevormunden, darauf schauen, dass das Kindesvermögen von zweitausend Franken auf dem Sparkassenbuch der Kantonalbank sich nicht vermindert, sondern im Gegenteil erhöht, dass die Zinsen dem jungen Besitzer gutgeschrieben und nicht von der Mutter verpulvert werden. Ich selbst, sehen Sie, so hätte A. sprechen sollen, ich habe eine Anwartschaft aufzuweisen von zweihunderttausend Franken, das Kind und ich werden also kaum armengenössig werden. Zwar stehe ich jetzt unter dem Existenzminimum und wurde von der Krankenkasse ins Obligatorium verwiesen, aber das tue ich aus Laune, aus Arroganz, weil es mir augenblicklich so passt.

Da wäre der kleine Amtsvormund vielleicht zusammengeklappt, hätte gesagt, meine liebe Frau B., natürlich, selbstverständlich, wir ordnen das für Sie. Machen Sie sich keine Sorgen.

Und später, viele Jahre später, als A. die Prozesse führte und dem Kind, um das es ging, während der Prozessdauer ein Amtsvormund zugewiesen wurde, ein kluger diesmal, der sich ernsthaft der Dinge annahm und für den Fall der Frau mit dem Kind und dem komischen Vertrag Verständnis aufbrachte, da hätte A. sicherer auftreten müssen und die Kontrolle, wo das Kind schlief und wie die Wohnung denn so eingerichtet sei, zurückweisen sollen. Das tat A. nicht. Sie führte – und sie schämt sich heute noch deswegen – den Amtsvormund erklärend durch die Wohnung und entschuldigte sich dafür, dass das Kind sich, vorübergehend und auf eigenen Wunsch, ein Zimmerchen im obersten Stock zum Schlafen ausgesucht hatte.

Das alles hätte sich A. durch kluges Verhalten ersparen können.

Es ist leicht gesagt, jetzt.

Wie es so zuging: «Arrived safely. Son to be proud of. Martha»

Kommen wir dem Geheimnis eines Lebens näher, wenn wir Alltägliches zu entziffern suchen? Wie kommt man den Wahrheiten auf die Spur, den Beweggründen A.'s zum Beispiel, die dann, gebündelt, die eigene Wahrheit dieser Person ausmachen, die Wahrheit dieses so und nicht anders geführten Lebens?

A. gibt zu, dass dieses Telegramm ihrer Cousine, das die gute Ankunft des Elfjährigen im englischen Ferienort mitteilte, sie unsinnig freute in jenen bangen Jahren, wo so vieles fehlschlug, von dem sie geglaubt hatte, es richtig gemacht zu haben, subtil auch, gemäss ihrer exponierten Situation. Sie kennt das Telegramm noch heute auswendig, hat es wohl irgendwo aufbewahrt zwischen einem Büschel Seidenhaar des Knaben, seinem ersten Zahn, einer Bastelarbeit aus dem Kindergarten. Sie weiss auch noch, dass sie in Tränen ausbrach, den Inhalt dann aber kühl der daran interessierten Umgebung mitteilte, um nachts unter der Bettdecke vor Glück, Erlösung aus ihrer Angst, wohl auch aus Mitleid mit sich selbst, loszuschluchzen. Denn noch nie hatte sie jemand gelobt, ihr gesagt, dass sie es wenigstens ein bisschen recht mache, so wie die handfeste englische Cousine das nun telegrafisch zu übermitteln gewusst hatte. Zuspruch und Aufmunterung.

Ist es wichtig, diese Bagatelle mitzuteilen? Wichtig für niemanden als für A. selbst, damit sie nachträglich einsieht, wie unsicher sie war, sobald ihre kleine Welt, die glückliche Wohnstube, mit der Aussenwelt konfrontiert wurde. Die Aussenwelt hatte andere Konventionen, Absprachen nach andern Regeln als denjenigen, die sich A. aufgestellt hatte. Und doch wäre sie von einem gewissen Zuspruch der Umgebung so abhängig gewesen. Aber so, wie sie in früheren Jahren jedes Mitleid abgelehnt hatte, schloss man wohl aus ihrer Haltung, dass Anerkennung nicht stattzufinden hatte. Oder so etwas wie ein freundlicher Wink aus den Villen am Hang in die alte Stadt hinunter: Komm, bring das Bübchen für ein paar Stunden in meinen Garten, ich passe dann schon auf. Zu so einer Geste reichte die Phantasie ehemaliger Freundinnen wohl nicht. A. empfand das als Ablehnung und nahm nie mehr eine Einladung an in jene Häuser mit dem glatten Parkett.

Und doch war sie gerade dabei, sich einen Haushalt nach dem allgemein bewährten Muster einzurichten. Die sehr kargen Jahre waren vorbei. A. schrieb stolz unter Einnahmen pro Monat: 850 Franken. Dazu die Alimente. Also tausend Franken zum Leben. Die beruflichen Aktivitäten nahmen zu, Hilfen zum Betreuen des Kindes konnten und mussten beigezogen werden. Was waren das für Umstände! Aber da wurde, sozusagen als Anlegeplatz, ein Kinderheim gefunden, an einem Waldrand in einem stillen Tal des Voralpengebietes. Hier wurden, mit Gesang, Autorität und gesundem Hirsebrei Kinder betreut, es war ein Häuschen mit niedrigem Dach, und da konnte, wenn alle Stricke rissen, A. ihr Kind hinbringen, es atmete frei inmitten von Wiesen, in dörflicher Umgebung, es war ein Glücksfall der Ruhe und Zuverlässigkeit in A.'s wechselvollem, unruhigen Leben. Das muss auch erwähnt werden. Und wie recht war es ihr, dass an jener Zufluchtstätte seelischen Kümmernissen der Kinder grössere Beachtung geschenkt wurde als nassen Hosen oder zerrissenen Strümpfen. Kein Kind wurde je getadelt, weil es sich den rechten Schuh an den linken Fuss anzog, sondern es wurde gelobt für seine Bemühung, sich selber die Schuhe zu binden. Der Pensionspreis war gering, und die Mutter durfte anrufen, so oft sie wollte, zugeben, dass sie vor Heimweh fast umkam und sich fragte, ob das Kind wohl auch ein bisschen Heimweh habe oder ob es esse, fröhlich sei und mitsinge? Die ersten Tage, wenn das Kind weg war, atmete die Mutter auf, konnte ausschlafen, ohne Sorgen ihrer Arbeit nachgehen, sich von einem Freund zum Essen einladen lassen, ins Kino gehen, ohne in der Pause schreckerfüllt heimzurennen, weil das Kind vielleicht aufgewacht war und sich in der Dunkelheit fürchtete. Diese erstrebten Dinge erwiesen sich dann aber doch nicht als so genussreich, sie waren auch gar nicht mehr erstrebenswert, wenn nur das Kind erst und endlich wieder da wäre. Wie ein wildes Tier lief dann A. in der kleinen Wohnung umher, die voller Kindergerüche und Kinderlaute war, sie schnüffelte in jeder Ecke nach dem Kind, hörte es rufen, schlief unruhig, weil sie die lieben Atemzüge Wand an Wand nicht mehr hörte, weil die vertrauten Laute des Kindes fehlten und das Haus völlig leer zurückliessen, seelenlos. Es gab kein Glück mehr ausserhalb der Betreuung, so vernünftig man sich auch zuredete. Animalische Erinnerungen, die in diesem Bericht nun endlich aufhören sollten.

Beschreiben eines Zustandes? Es ging für A. nur darum, ihn äusserlich zu gestalten, dass überhaupt gelebt werden konnte. Sie richtete ein und um, übersah nie, was das nächste Jahr etwa bringen würde. Zwar entsprang wohl Improvisation ihrem Temperament, aber da sass doch tief drin die Sehnsucht nach Sicherheit; das hiess für sie nach einem Menschen, der die Verantwortung mit ihr geteilt hätte. Das Vordergründigste aber war: das aufwachsende Kind verlangte nach Stetigkeit. Eine grössere Wohnung musste gesucht werden. Eine würdige Adresse gäbe der kleinen Familie den erwünschten Rückhalt, würde ihr den Respekt nach aussen verschaffen, den Mangel an Familienoberhaupt und bürgerlicher Sicherheit aufwiegen. Ein höherer Mietzins war zu berappen, es war eine Arbeit ins Haus gekommen, die regelmässiges Einkommen versprach. Auch ein Raum, um diese Arbeit zu verrichten, ein Büro, würde von den Auftraggebern bezahlt werden. Günstige Voraussetzungen also, um endlich mehr Raum zu beanspruchen, sich auszudehnen, sich einen Platz aus der engen Gasse hinaus zu verschaffen.

Hausbesitzer wollen Empfehlungen, Titel sagen ihnen viel. Nichts vorhanden und dazu noch ein Kleinkind in unklaren Verhältnissen. Da rechnet es sich ein Hausbesitzer als persönliche Grosszügigkeit an, so jemand aufzunehmen; man musste ihm jahrelang dafür dankbar sein und es als Gunst anrechnen, dass man den steigenden Mietzins jahrzehntelang drei Monate im voraus bezahlen durfte.

Doch da waren die Stufen zur neuen Wohnung einladend, der Eingang vielversprechend, hatte Allüre, der Korridor war breit, und man übersah leicht, dass da eigentlich nur die linke Seite, die Schattenseite, für 250 Franken als Wohnung zur Verfügung stand. Es war in jenem Augenblick für A. wie ein Paradies. Der eine Raum wurde zum Büro, Zeichnungstische wurden aufgestellt, es wurde eine Zeitungswerkstatt, bald würde der Clicheur hier ein und ausgehen, würden Grafiker Zeichnungen bringen. Anschliessend die grosse Wohnstube mit drei hohen Fenstern, in der Nische fand das Kindertischchen Platz, vor der Bücherwand das Kinderbett, in der Mitte ein Esstisch. Viele würden kommen und mitessen. Die Badestube war so gross, dass A. mit Leichtigkeit ihr Bett hier aufstellen konnte. Und eben eine Mansarde für die Haushalthilfe, die inzwischen eingetroffen war und zu bleiben versprach. Man funktionierte ordentlich. Viele strenge Vorschriften zwar im Haus, jeder Quadratmeter Lebensraum war damit belegt. A. bat die Haushaltshilfe inständig, den Vorplatz blitzblank zu scheuern und wies das Kind an, das ein rotes Tretauto aus Holz geerbt hatte, die erlaubte Gartenlinie nicht zu überfahren. Als Mieterin duckte sie sich sehr, maulte nicht, erkaufte sich das Recht auf gedeihlichen Wohnraum durch striktes Befolgen der Hausordnung, übersah das Erstaunen der andern Mieter, dass Unpassendes ins Haus gekommen war. Später hatte man wohl Respekt vor ihrer Arbeit; und sie staunte, als die Frau des Bankpräsidenten vom oberen Stock ihr ihre bevorstehende Weltreise mit lebhaften Worten des Bedauerns mitteilte: ihr Mann wolle das eben, aber viel lieber bliebe sie jetzt zu Hause und hätte es gern so schön, wie A. es habe. Es bleibt aber A. nicht viel Zeit, sich mit solchen Äusserungen verwöhnter Nachbarinnen abzugeben, sie überlegt sich nur hie und da, dass sie vielleicht doch nicht ins Quartier oder in dieses Haus passe. Oder macht sie sich immer noch falsche Vorstellungen von etwas, das nie eintreten wird, von Schonung vielleicht, von Verständnis, oder möchte sie vielleicht auch einmal sagen können, «mein Mann findet, ich brauche Ferien»?

Denn auch die Haushaltshilfen haben eigentlich kein Verständnis dafür, dass sie arbeitet, wenn sie an der Schreibmaschine sitzt und telefoniert, und dass sie müde ist abends von dieser Arbeit. Sie ist eben kein Mann, den man umsorgt, wenn er abends erschöpft nach Hause kommt. Sie glaubt, ihre Abwesenheit von zu Hause gutmachen zu müssen, indem sie sich nun doppelt kümmert um die, die daheim blieben. Andererseits drängt es sie unwiderstehlich – ist sie beruflich unterwegs –, möglichst rasch die Arbeit abzubrechen, nach Hause zu eilen; was ihr wiederum ein schlechtes Gewissen einbringt: ob sie sich vielleicht doch nicht hundertprozentig für ihren Beruf einsetzt, doch noch zu sehr Privatperson geblieben ist? Das schlechte Gewissen ist permanent da, irgend etwas kommt immer zu kurz, so glaubt sie. Aber diesen ständigen Konflikt kann sie sich ja nie offen eingestehen, sonst wäre das Ineinandergreifen aller zu bewältigenden Gebiete überhaupt nicht zu schaffen. Und da sie sich selbst die ständige Notlage nicht zugibt, sie vielmehr überspielt, erweist sich kein Mensch als hilfreich, diese Notlage zu verbessern. Dem Vorwurf, ehrgeizig zu sein, setzt sie sich ungern aus, und sie ist es, denke ich, auch nie gewesen. Sie musste ganz einfach schuften. Es macht sie aber traurig, wenn Carlo sagen wird, später einmal, du machst zu viel, du bist immer unterwegs, ist das jetzt notwendig, dass du nach Paris reist? Das nimmt ihr fast den Atem vor Verzweiflung, sie tut es doch nicht zum Vergnügen. Und ist denn nicht jede Abreise ein Entschluss, wird hundertmal hin und her überlegt, gewendet, gewälzt, Vorteile und Nachteile gegeneinander abgewogen. Das wird so bleiben. Obwohl A. auch in späteren Jahren beweglich bleiben wird, oft auf Reisen geht und vor keiner Unternehmung zögert, wird die Abreise selbst immer begleitet von tiefer Sorge, dass man nun gerade etwas verlässt, das einem am nächsten ist und zu dem man schauen möchte.

Natürlich macht sie ihre berufliche Arbeit nicht nebenbei, sondern hat tatsächlich den Ehrgeiz, sie möglichst gut zu bewältigen. Die Art des Berufes kommt ihrer Lebensform entgegen, sie hat sich ihn so gestaltet, dass sie die meiste Zeit zu Hause arbeitet. Hält sie ihre Allgegenwart daheim für unerlässlich? Sie hat da so ihre Überzeugungen, an denen sie unbeirrt festhält: Sie steht immer rechtzeitig auf, um das Frühstück selber zuzubereiten, sie will das Kind ernährt und nach einem gemeinsamen Geplauder in die feindliche Welt der Schule entlassen, in den Verkehr, in die Händel mit den Klassenkameraden; selbst morgens um vier Uhr, am Schulsylvester, wo der kleine Bub tapfer in die Dunkelheit hinausgeht, ohne sich umzusehen. A. will auch den Ruf des Knaben hören, wenn er beim Nachhausekommen aus der Schule in den Korridor schreit: «Ist die Mutter da?» und dann, nachdem er eine bejahende Antwort bekommen hat, kehrtmacht und munter zu neuen Unternehmungen auszieht.

Da sein, verfügbar sein, gerufen werden, ist es nicht das, was der Mensch sich zu seinem Glück wünscht? Dass sich A. gegenüber dem Kind unentbehrlich vorkam, wer wird es ihr verargen? Nur hätte sie sich nicht ein Verdienst daraus machen sollen.

Über den Beruf der A. vielleicht später noch einige Bemerkungen. Zunächst kommen die Haushaltshilfen, und die sind wichtiger im Leben des Kindes.

Das Angebot war klein. Niemand riss sich darum, in einem zwar kleinen Haushalt und zu einem artigen Kind, aber doch zu einer berufstätigen Frau zu kommen, die meistens zu Hause sass und ganz offensichtlich Meister sein wollte. Lohn ausreichend, aber nicht sehr hoch. Miteinbezogen werden in einen kleinen Kreis, der einem vielleicht im Anspruch doch nicht so ganz passte, die Hausfrau kollegial – will sie sein –, aber eben doch kein Herr, dessen Launen man ertragen konnte, weil man ihn als Herrn verehren durfte. Das merkte A. natürlich erst viel später, und es ging dann am besten mit Italienerinnen, die zu ihrer Arbeit ein sachliches Verhältnis haben, rasch Geld verdienen und in seelischen Dingen nicht gehegt werden wollen von den Arbeitgebern.

Sie haben ihr eigenes Leben. Das allererste Mädchen, das ins Haus kam, suchte sich A. nach Sprache und Sanftheit fürs Kind aus. Denn sie sollte mit dem Kind reden. Inge aber redete so viel, dass der Knabe, des Lärms überdrüssig, sich sehr bald schlafend stellte, und sich dann, kaum wurde er in Ruhe gelassen, im Bett aufrichtete und leise sein kleines Abendleben fortsetzte, um sich aufs Kissen fallen zu lassen, wann es ihm passte. Die Mutter hatte es beobachtet und war zufrieden, dass das Kind verstand, sich auf stille Art für sein eigenes Behagen zu wehren.

Es galt, Kompromisse zu schliessen, mit einer zweiten erwachsenen Person im Alltag, die den Haushalt führte, die Atmosphäre aber nicht gänzlich stören sollte, und nicht etwa auf Spaziergängen Erziehungsmethoden anwandte, die den zu Hause geübten entgegengesetzt waren.

«Dass du mir die Milch schön trinkst», herrschte Gertrud den Kleinen an, «ich habe, als ich klein war, nie Milch bekommen.» A. fand das Kind weinend in der Küche, es könne doch nichts dafür, dass Krieg gewesen sei für Gertrud. Das waren Störungen, mit denen gerechnet werden musste. Sie nahmen aber zu an Gewicht, wurden zu Problemen, die immer neu angepackt und neu gelöst werden wollten.

Siebter Tag,
Villacázar de Sirga, ein Sonntag

Heute stand nichts auf dem Programm. Wir waren zu früh ins Dorf gekommen, das Mesón, in dem das Essen bestellt war, war noch geschlossen, Unterhandlungen führten nicht dazu, dass früher serviert wurde. Alle Leute waren in der Kirche, die wie eine Festung über dem Ort thronte. Es schien ein Festtag zu sein, auf dem Kirchplatz wurde eine Bude aufgestellt. Unserer Neugier waren Schranken gesetzt, nichts schien los zu sein im verschlafenen Dorf, auch der Touristenführer zeigte nichts an, an das man sich hätte halten können, keine Besichtigung, keinen Hinweis auf ein Kapitell, nichts an Unterhaltung, nicht einmal die Bezeichnung «frei», und zum Einkaufen gab's auch nichts. Ratlosigkeit bei allen. Nur Giovanna sinnierte über einem Notizblock, sie wusste, dass der jetzt unbedeutende Ort mit seiner trutzigen Burgkirche, einer Templerkirche, eine Geschichte haben musste, sie suchte in ihren Geschichtskenntnissen nach Anknüpfungspunkten – oder vielleicht war sie einfach glücklich so, unter dem hellen kastilischen Licht.

Es wurde dann unser schönster Tag, jeder für sich war verzaubert, das Mahl war heiter, der Wein aus dem Becher floss nur so hinunter, es schmeckte, man lachte viel, und vor der Abfahrt stellten sich alle auf die Kirchentreppe für ein Gruppenfoto. Don Antonio und der Chauffeur, Don Pepe, wurden genötigt, sich in unsere Mitte zu setzen.

Ich hatte ein Dorf erlebt, das mich glücklich machte, und im Nachhinein weiss ich nicht mehr, warum. Ich hatte mich verlaufen, hatte Fassaden gezeichnet, ein Mann hatte mich mit freundlichen Rufen zu einer Türe geführt, die ihm wohl besonders schön und zeichnenswerter erschien, als die Fenster an seinem Haus. Ich hockte mich an die Wand einer Scheune, die mächtig auf einer Anhöhe übers weite Hügelland ragte. Eine Schafherde wanderte auf mich zu, auf der Krete und links und rechts sich verzettelnd und wieder sammelnd, in leichter fliessender Bewegung wie Wasser. Hunde trieben die Tiere immer wieder auf eine Linie, ich brach mir einen Stock vom Zaun, um vor den Hunden sicher zu sein. Den Stock nahm ich dann auf dem Rundgang durchs Dorf mit, Giovanna nahm an, ich sei so weit ins Land hinausgewandert, dass ich mich der Hunde hätte erwehren müssen. Ich liess sie gern im Glauben, ich sei eine Kämpferin, das war ich ja auch gewesen, hatte immer mit dem Stock um mich geschlagen, sehr oft, wie ich jetzt einsehe, hatte ich mich der Feinde erwehrt, die gar nicht vorhanden gewesen waren. Oder hatte nur immer so getan, als ob ich kämpfte. Hatte ich einmal einen einzigen reissenden Hund erschlagen? Stock und Nachdenklichkeit begleiteten mich weiter in die Morgenstille des Sonntags, an kleinen Vorgärten vorbei, Goldlack wuchs da und Salvien, wie in den Bosquetten meiner Grossmutter, ein Bub in Schuhen mit dicken Sohlen, wie es heute die Mode will, geht mit festem Schritt auf sein Haus zu, er trägt ein grosses Kuchenpaket in der Hand, der Eingang ins Haus ist dunkel, man sieht aber doch, dass die Wände gekachelt sind mit Fayencen. Man hört die Stimme des Vaters, der findet wohl, es wäre Zeit, sich an den Tisch zu setzen. Aus Häusern dringt der Geruch von Suppe; jetzt steigen Frauen die Kirchentreppen herunter, ihre Köpfe sind bedeckt mit einem schwarzen Schleier. Wie war es damals, in meinem kleinen Haushalt?

Jetzt ist es Zeit, die Kirche zu besuchen, die Messe scheint vorbei. Zwei alte Frauen sind beschäftigt, die Figur einer Madonna für die Prozession zu schmücken, kleine Mädchen bringen Blumen, der Mantel der Maria wird in schöne Falten gelegt, dem Gotteskind ein Sträusschen in die Hand gegeben. Das scheint unüblich, die eine Frau ruft die andere, schau, sagt sie, was meinst du, Mara, das haben wir noch nie gemacht. Die andere Frau murmelt etwas von Sonne und verwelken, indessen haben sich die Kinder auf die Bahre, auf der die Madonna thronen soll, gesetzt und bimmeln mit der kleinen Glocke, die das Heilige Kind in der Hand hält; sie werden von den Frauen verscheucht, springen lachend weg.

7

Irgend ein Jahr

Irgend ein Jahr im Leben von A. mit dem Kind. Es war das elfte Lebensjahr des Knaben.

«Wie schwer ist es für mich», schreibt A. in ihr Notizbuch, «mich von meinen starren Vorstellungen zu lösen, die Feste so zu nehmen, wie sie fallen, mich zu freuen am Liebenswerten, das auf uns zukommt, nicht dem nachzutrauern, was ich mir in meiner Phantasie vorgestellt habe, wie es sein sollte. Und jetzt nicht so ist.»

Das war nach Weihnachten.

A. schreibt dann noch, sie sei tief erschöpft, erledigt, könne fast nicht mehr. Der Knabe war, nachdem er sich unter dem Weihnachtsbaum ausgespielt hatte, dann doch zu überreden gewesen, mit der lustigen Haushaltshilfe, der Mimi, in die Ferienwohnung zu fahren, die eine Tante für sich und ihre Familie gemietet hatte. A. denkt, dass das Kind auf diese Weise zu üppigem Familienleben mit Skifahren komme, die Mimi aus Deutschland zu einem schicken Bergaufenthalt, das habe sie gut eingefädelt. Sie selbst kann während dieser Tage ausschlafen und für einmal ganz allein sein. Kombinationen dieser Art gehen ihr aber immer daneben, sie glaubt dann besonders geschickt gehandelt zu haben, rechnet es ihrer Tüchtigkeit zu, dass sich die kleine Familie Neujahrsferien leisten kann. Aber der Knabe wird sich auflehnen, «weil die Mimi ja nur zum Arbeiten ge-

braucht wird dort oben» und das erweiterte Familien-
leben auch nicht als Bereicherung empfunden wird,
denn das Kind stellt danach seiner Mutter die Frage:
«Sind wir wirklich mit all denen verwandt?» Und die
Mimi trotzt, weil sie «dort oben» hören musste, dass
ihre Chefin eben eine etwas scharfe, heftige Person sei.
Das findet sie wohl ungehörig, und sie stellt sich mit
Breitseite vor «ihre» kleine Familie.

Das alles erbringen die telefonischen Mitteilungen aus
dem Ferienort. Dann bricht sich der Knabe auch noch
das Bein, und A. ist darauf angewiesen, dass die Verwandten den Verletzten zum Arzt bringen und dafür
sorgen, dass er nach Hause geschafft wird.

Das Sorgen, das Organisieren von einem Tag zum
andern fängt wieder an.

Dabei wäre es wichtig gewesen, dass A. die Gedanken, die über sie kommen, wenn sie allein ist, zu Ende
gedacht, ihre Lage, wie sie in Wirklichkeit ist, vor sich
selber durchbuchstabiert hätte.

Zum Beispiel hätte sie auch unbedingt darüber nachdenken und sich erinnern müssen, wie es war: Als sie
noch glücklich war in den Armen des Vaters ihres Kindes (und es ihr selbstverständlich und immer eine Freude war, nach der sie sich unsäglich gesehnt hatte, wenn
er unerwartet zu Besuch kam, am Morgen aber eilig
den Hut aufsetzte, die Mappe unter den Arm nahm und
wichtigen Geschäften nachging), hatte sie sich nie
gekümmert, wie die Zukunft aussehen würde, hatte
weder sich selbst noch dem geliebten Mann die Frage
genau gestellt, wie diese Beziehung ausgehen würde.
Hatte Auseinandersetzungen vermieden, sich und ihn
und seine Lebensgefährtin, die irgendwo im Hintergrund, nie fest umrissen, existierte, schonen wollen,

geglaubt, je weniger lästig sie falle, desto eher komme der Mann zu ihr und finde eine mögliche Lebensform für alle Beteiligten. Konnte wohl auch ihre innersten Ängste und Befürchtungen nicht aussprechen, verkörperte den Typ Frau, der's dann schon durchsteht.

Als A. dann ein zweites Mal ein Kind erwartete, erwähnte sie diese aufschreckende Tatsache dem Mann nur nebenbei, weil es ihr von vornherein bewusst war, dass sie das nun auf alle Fälle selber in Ordnung zu bringen habe. Wie, das nahm sie auf sich. Für ein zweites Kind fehlte die Kraft, so sehr sie es sich gewünscht hätte und stolz war, dass ihr Körper nach vielen Bemühungen in manchen Jahren, sich nun doch als fähig fürs Kindergebären erwies. Redete sich bei dieser zweiten Schwangerschaft aber ein, es mache ihr überhaupt nichts aus, die Frucht abzutreiben. Es ging dann äusserlich auch ohne jede Schwierigkeit. Der kleine Bub war, wegen einer Auslandsreise der Mutter, in sein Tal gebracht worden, und A. ging, anstatt direkt ins Ausland, vorher ohne Aufsehen zwei Tage ins Spital. Die Sache war aus der Welt geschafft. Oder blieb sie doch irgendwo hocken?

In den stillen Tagen nach Weihnachten dachte A. daran, dass der Knabe mehrmals nach einem Bruder gefragt hatte in letzter Zeit, sich wohl ein Wesen seiner Art wünschte in seinem allzu kleinen Kreis. Das also hatte sie ihm nicht bieten können, die finanziellen Mittel reichten nur dahin, Kameraden an den Tisch einzuladen, die Mahlzeiten zu teilen. Auch Spaziergänge und Ausflüge wurden von A. trüppchenweise unternommen. Erzieherische Ersatzhandlungen.

Hätte, in jenen Tagen, A. sich nicht klar werden müssen, dass sie den Mann viel früher hätte einbeziehen sollen in ihre Sorgen und sich nicht alles selber zutrauen? Dass aufrichtige Zuneigung auch harte Forderung an den andern rechtfertige?

Dass durch Schweigen und Hinnehmen nichts gewonnen und späte Einsicht in einen Verlust schlimmer ist als zeitige? Die Eltern des Kindes, zwar phantasievoll, aber merkwürdige Partner schon immer, hatten sich völlig auseinandergelebt, waren Entfernte. Noch glaubte aber der Vater des Kindes, wohl weil sich ihm die äussern Umstände günstiger präsentierten, auf längst Verspieltes zurückgreifen zu können, er wollte das Kind und über das Kind die Gunst der Mutter. Er fühlte sich geprellt, plötzlich, beeinflusste den ihm zugetanen Knaben, die Mutter zu beobachten, ihm Nachrichten zukommen zu lassen, warum sie denn so zugeknöpft sei. Die Mutter versuchte dem Kind zu erklären, wollte ihm das Zutrauen zum Vater nicht zerstören. Aber das Kind wurde verunsichert, empfand das Ansinnen seines Vaters als Störung, sah sein behütetes kleines Dasein gefährdet. Die Beunruhigung wurde zur Angst. Das Kind kam hilfeschreiend aus der Schule «Du, Mutter, er ist schon hier an der Türe, du musst es ihm sagen, dass ich nicht mit ihm zum Mittagessen gehen will.»

Die Mutter, nur noch darauf bedacht, das zerbrechliche Schiff durch Sturm und Wellen zu steuern, brachte durch ihre ruhige Mitteilung den Vater derart in Rage, dass er zuschlug. Das Kind schrie um Hilfe, dass A. es noch heute in den Ohren hat, (Hilflosigkeit erwachsenem Treiben gegenüber), dass sie sich am liebsten die Seele aus dem Leib gerissen hätte, nur um diese Not des Knaben nie mehr hören zu müssen.

Trümmer und Fetzen. Skandal, der in die Nachbarschaft drang. Das war das wenigste. Der Rechtsanwalt freute sich, endlich blaue Flecken zu sehen und eine Handhabe für Hausfriedensbruch geliefert zu bekommen. Der Psychiater diagnostizierte ein Trauma beim Knaben, hatte aber auch Verständnis für die Reue des Vaters.

Das nun brachte A. nicht mehr auf. Sie verstand zwar immer noch nicht, und wird es kaum je verstehen, wieso sie durch ihr Verhalten den klugen Mann derart hatte reizen können, dass Beherrschung und Verständnis und frühere Liebe sich in soviel Hass verwandelten. Vorläufig schlotterte sie an allen Gliedern und wollte nur versuchen, die Wogen zu glätten, dem Kind Zutrauen in seine Umgebung und seinen Kreis, der ihn schützen wird, zu geben. Und dafür allerdings war sie bereit, gegen alle Welt und Uneinsicht zu kämpfen.

Bis das Kind es nun zugibt, dass es Angst hat. Jeder Ausgang in die Stadt, jeder Heimweg von der Schule: Angst, «Denkst du, ich sei ein Schisshase?», fragt der Knabe seine Mutter, aber er könne halt nicht besser rennen mit dem gegipsten Bein. Es wird nun so geordnet, dass entweder Mimi nach den Einkäufen wie zufällig am Schulhaus vorbeigeht oder die Mutter gleichzeitig mit dem Knaben aus dem Haus muss, um sich die Zeitung oder Zigaretten zu holen.

Jetzt gibt es nichts mehr zu überspielen für A., jetzt steht sie nackt da als ausgelieferte, alleinstehende Mutter mit einem eingeschüchterten Kind und einer erschrockenen Haushalthilfe.

Später, als man sich etwas gefasst hat, fragt der Knabe die Mutter, ob sie eigentlich nie daran gedacht hatte, wieder zu heiraten? Die Mutter meint, das lasse sich theoretisch schwerlich sagen, es sei halt niemand da gewesen, der in Frage käme, «dem wir beide gefallen».

«Nicht dass du mir verleidet wärest, Mutter, aber noch jemand in der Wohnung wäre halt schön.» Der Elfjährige hat sich da, wie er mit der Zeit zu verstehen gibt, auch schon konkrete Gedanken gemacht: jemand Sportliches müsste es sein, jemand Starkes, so vielleicht mit Olympiamedaille.

A. hört's lächelnd, amüsiert, aber die Wunden sind offen. Und als ein Brief vom Vater eintrifft, Wiedergutmachung, schreit das Kind: «Ich will nichts wissen. Hast du jetzt immer noch nichts getan, dass das nicht mehr passiert. Warst du noch nicht bei der Polizei.»

A. entschliesst sich zu handeln, um das Selbstvertrauen des Kindes und ihr eigenes wieder aufzubauen. Der Knabe ist für die Frühlingsferien von seinem Patenonkel nach England eingeladen, sie werden langsam geplant, ins Gespräch gebracht. Das Kind sagt: «Wird der Vater mich dort nicht aufstöbern?», und bittet die Mutter, Verständnis zu haben, wenn er am letzten Schultag, am Examenstag (wenn die Eltern in die Schulstube kommen und zuhören und stolz sind über ihre frisch gekleideten, gestriegelten, braven Kinder) sein Gedicht nicht aufsagen wird, sollte der Vater unerwartet auftauchen.

Die grosse Reise des Kindes wird, nach A.'s Methode, geübt, wie auch der erste Besuch beim Zahnarzt, der erste Spitalaufenthalt mit vielen möglichen Varianten vorher geprobt worden war. Das soll dem jungen Ausfliegenden Sicherheit geben. Er kennt die Tonart der Hostess, die ihn in Empfang nehmen wird, die Mutter spielt Passkontrolle mit ihm, verwandelt sich in einen korrekten englischen Zöllner, kann aber auch sprachlich in Entzücken ausbrechen oder Anstandsregeln mitteilen, so wie die englischen Verwandten das manchmal zu tun pflegen. Viel Gelächter.

Der Knabe wird heiter, eröffnet wieder seine Bäckerei in der Küche zuhause, verkauft Brot an Bekannte, setzt sich ans Klavier; anstatt zu üben spielt er seiner Mutter Wunschkonzert vor und bietet ihr, je nach Stimmung, Improvisationen an, die Namen tragen wie «Kirche» oder «Gelbe Erbse» oder «Ein Picknick». Die Mutter beruhigt sich manchmal, und dann, wenn alle, die Katze, Mimi, das Kind sich auf ihrem Bett balgen, sie am Schlafen hindern oder nicht wollen, dass sie liest, dann ist A. glücklich, sie schreit sie weg, die Bande, fühlt sich reich und sicher, beschenkt, vielleicht wird alles wieder gut.

Der Bub verkündet seine Reise nach London zum Patenonkel jedem, der's hören will. «Bin eingeladen, von meinem Götti. Er fährt einen Bentley.» Die Mutter fürchtet, das Aufschneiden könne zu seinem Nachteil sein, aber der Bub beruhigt sie: «Weisst du, alle, auch der Röfe und der Schali, die gönnen mir die Reise. Die sind einfach froh, wenn ich nach den Ferien wieder zurückkomme. Das ist eben das Liebe an meiner Klasse.» Es ist ein Aufgebot von Kameraden auf dem Flugplatz, als die Expedition anfängt. Geh jetzt, sagt das Kind und schüttelt die Mutter ab und schreitet über den Flugplatz, als erster, in Begleitung der Hostess. Er war bleich beim Adieusagen, ist seit neun Uhr gestiefelt und gespornt, das Köfferchen gepackt, um zwei Uhr musste er auf dem Flugplatz sein.

Ist es wohl recht, was ich tue, fragt sich A., als sie mit Mimi wieder in die Wohnung kommt, so viel Aufwand, so viel Munterkeit, um Unruhe und Sorgen zu verdecken.

Noch am gleichen Abend kommt das Telegramm, von dem vorher bereits die Rede war.

Achter Tag, Lugo: Der Rück-
spiegel und die Stadtmauer

Wir näherten uns Galizien, wo die Leute arm sind, Gallegos heissen und Kohlsuppe essen. Wir hatten das Gebirge durchfahren, viele Kurven hinauf und viele Kurven hinunter, es hatte geregnet, der Schmutz der Strasse war aufgewirbelt worden und hatte den grossen Rückspiegel des Reisebusses verdreckt. Ich sass wieder einmal vorn auf Signor Paolos Platz und sah mein Gesicht im Rückspiegel, es schaute mich etwas verwundert an, es machte mir Mühe, mich mit mir stundenlang auseinanderzusetzen, mir ins verdreckte Gesicht zu schauen.

Kurz vorher hatte ich das Wort «fallecer» zu meinem spärlichen spanischen Wortschatz hinzugelernt, hatte einen Zettel, der an einem Schaufenster in einem kleinen Ort aushing, auswendig gelernt, dass nämlich der Besitzer des Geschäftes dahingegangen war, dass El Señor Don Angel Roderigo Umuela in seinem 64. Altersjahr − Víctima de Accidente − nach dem Empfang der Sakramente dahingeschieden war und nun in Frieden ruhen solle. R.I.P. Das Geschäft war geschlossen. Nichts Sonderliches, nichts Auffallendes, er wurde wohl nicht erschossen, sondern war unter ein Auto geraten, und wie er sich, bei den kommenden Wahlen, politisch entschieden hätte, war der Anzeige nicht zu entnehmen. Ich stellte mir Don Angel nicht vor, entdeckte nur, dass er das Zeitliche gesegnet, um weniges älter als ich.

Wir sind in einer Stadt, die von einer Mauer umgeben ist, eine halbe Stunde brauche man für den Rundgang auf der Mauer. Der Zufall will es, dass ich meine Reisegefährten verloren habe, sie sind wohl einkaufen gegangen oder haben noch ein paar Kirchen mehr aufgesucht, um Vergleiche mit früheren Besichtigungen anzustellen. Sie hatten sich gewundert, dass die Bettlerin vor dem Hotel, eine Zigeunerin, sich nicht zufriedengab, obwohl sie ihren Batzen von ihnen schon früher bekommen hatte. Das waren keine Argumente für die Zigeunerin, sie bedrängte jeden, der hineinging oder herauskam mit derselben Heftigkeit. Hie und da tauschte sie ein Kind mit einem andern aus und wiegte es als ihr eigenes leidendes.

Zunächst wollte ich auf den im Reiseführer empfohlenen Spaziergang über die römische Mauer verzichten, geriet dann aber doch hinauf, eilte hin und zurück und wieder zum Anfang, um noch einmal, in umgekehrter Richtung, über die mit kleinen Polstern überwachsenen Steindächer zu schauen, Spaziergängern zu begegnen, einzelnen älteren Männern, die nichts mehr zu tun hatten, als ihren Hund auszuführen, blickte in feuchte Gärten, wo der Kohl für die galizische Suppe hochstengelig wuchs, im vornehmeren Teil gabs dunkle Gärten mit Feigenbäumen. Auch hier, wie in Burgos, hingen an manchen Häusern schmale Veranden, ganz aus Glas, das Holzwerk weiss gestrichen, sie waren gerade so breit, dass die Bewohner des Hauses hinaustreten und um sich schauen konnten. So eine Veranda, die über alle Stockwerke die Mitte einer Fassade einnahm, musste den Innenraum eines Hauses um mehr als einen halben Meter vergrössern, nahm viel Licht auf und sammelte Wärme, wenn der Wind scharf blies. In der Veranda wurde nichts verrichtet, es standen keine Blumentöpfe da, kein Wäscheseil, um, wie man bei uns sagt, rasch das Handtuch zu trocknen; die Veranda war elegant, ein Luxus, nur dazu da, um hinauszutreten. Ich sah eine Frau, die reglos auf ihrer Veranda stand und hinausschaute. Sie befand sich in einem Stockwerk, das genau auf der Höhe der Mauer lag, so sahen wir uns, auf kurze Distanz, auf gleichem Niveau.

Sie hatte strähniges Haar und war ziemlich fett, ich konnte nicht ausmachen, ob sie mich, die Läuferin auf der Mauer, überhaupt bemerkte. Als ich ein zweites Mal, in umgekehrter Richtung, an ihr vorbeiging, befand sie sich in derselben trägen Stellung. Ich konnte mir vorstellen, was sie für ein Leben gehabt hatte, hatte mich ja auch, schreibenderweise, um solche Leben gekümmert, hatte das Bedürfnis gehabt, ihre Nöte und Freuden, unausgesprochen von ihnen selbst, mitzuteilen, Notrufe der schweigenden Mehrheit. Es war an der Zeit, mit dem Herumlaufen aufzuhören, auf die Veranda des eigenen Hauses zu treten und Umschau zu halten.

8

Der Auszug,
und Feste gab es auch

A. hätte sich an diese erste grosse Reise des Elfjährigen erinnern sollen, als zehn Jahre danach der grosse Auszug stattfand. Es war Mitternacht auf dem Bahnhof. Der Bub war jetzt einen halben Kopf grösser als die Mutter, aber diese sah im bleichen Gesicht die Kinderzüge von damals, Entschiedenheit zwar, aber doch auch ein Bangen vor dem eigenen Mut, sich einen fremden Kontinent geplant zu haben. Der Koffer war in letzter Minute gepackt worden, er war grösser diesmal, aber man lachte den Reisenden aus: und dieses magere Gepäck sollte für ein Jahr reichen? Ein paar Kameraden waren gekommen zum Adieusagen, obwohl der junge Mann sich einen grossen Abschied verbeten hatte, aber beide, glaube ich, Mutter und Sohn, waren froh, dass solche Bemerkungen alle Emotionen weglachten. Denn alles war ja gesagt worden, an Wünschen und so, und die Sorgen wurden nicht mitgeteilt. Der junge Mann hatte sich die Überquerung des Ozeans verordnet, um loszukommen von seiner Kindheit, die Mutter verstand es tief innen. Ratschläge keine, auch wenn A. den Amazonas und den Orinoco gekannt hätte, vor Südamerika galt es zu kapitulieren, die Probe musste bestanden werden.

Als der Zug langsam aus der Halle fuhr, wusste A., dass eine zweite Geburt zu leisten war, schmerzvoller als die erste, und diese Wehen einer Ablösung führen ein Kind nicht in die Arme einer Mutter, sondern reissen es endgültig von ihr weg. Es war A., als würde ihr der Boden unter den Füssen weggezogen, ihre Existenz wurde in den Grundfesten erschüttert. A. war gerannt, atemlos oft, hatte gesorgt, gebaut, eingerichtet, nie gezählt, was lästig und verletzend gewesen war, weil alles dem Heim und dem Kind dienen sollte.

Als später liebevolle Kartengrüsse eintrafen, dann nachdenkliche, rücksichtsvolle Briefe und der Sohn sich in den Urwald zurückzog, da erfuhr A. endlich, dass ihr Treiben und Wirken während zwanzig Jahren vom Kind anders erlebt worden war, als sie sich ihre Trö-stungen, ihren Zuspruch und ihren Einsatz vorgestellt hatte, und es fiel ihr die schüchterne Frage des kleinen Kindes ein, als sie einmal wieder einen Sonntag plante mit Picknick am Waldrand und Besteigen einer Krete mit Wäscheseil: «Und wann darf ich spielen?»

In ihrem Wunsch, es dem Kind nach Möglichkeit recht zu machen, hatte sie sich wohl einige Übergriffe geleistet, es war ihr entgangen, dass Eltern nur zunächst Mauern aufrichten dürfen, um Kinder zu schützen, sich aber nicht vorstellen sollten, wie in diesen Mauern gelebt wird. Nun war also die Tür geöffnet, es gab für A. nichts mehr zu tun.

Sie ging durch die Strassen, die nun leer waren, entleert von eiligen Tätigkeiten, es gab nichts mehr zu tun, was machte überhaupt noch einen Sinn?

Da fiel A. ein, dass ihr das Erschrecken schon einmal in die Glieder gefahren war und sie die Anzeichen besser hätte verstehen sollen, vor ein paar Jahren. Es war ein ganz ungewöhnlicher Tag. Die Sizilianerin Concetta war nach Hause gegangen, zu ihrer eigenen Familie, nachdem sie, heftig mit dem Bügeleisen hantierend, alle Falten aus allen Hemden, Tüchern,

Tischdecken entfernt hatte. Sie wirkte jeweils nur ein paar Stunden in der Wohnung von A. So waren die Mutter und der Halbwüchsige mehr als früher aufeinander angewiesen. Gertrud aus dem Krieg war in einem Altersheim, die fröhliche Mimi verheiratet. Concetta waltete sachlich und entschieden. A. brachte die Wäschestücke des Buben in sein Zimmer hinauf, legte sie auf den Tisch, damit er sie später in den Schrank räumen konnte. Neben dem Lateinbuch lag offen die Agenda, neuestes Beweisstück, dass der Bub seiner Mutter nacheiferte und sich wichtige Daten notierte. Da stand, mit Ausrufezeichen versehen: «Mutters Geburtstag!» Eine Notiz, in geschäftigen Bubentagen, eine Erinnerung an eine Pflicht, die vom verantwortungsvollen Sohn nicht zu vernachlässigen war. A. zog ihren Blick rasch zurück, das ging sie nichts an, das war fremdes Gebiet, das Gebiet des Sohnes. Und doch hatten sie die paar Buchstaben zum erstenmal hinausgehoben aus ihrer Gefühlswelt, so Mutter und Kind eins waren, unlösbar verbunden, unlöschbar als eine Einheit von der Natur gestempelt. A. bemerkte zum erstenmal, dass das Kind ausgeschlüpft war, etwas für sich darstellte, die Mutter aber nur ein Teil der ihn umgebenden Wirklichkeit war. Ein Teil, nicht zu vergessen, eine Person, der man dankbar sein musste, deren Geburtstag nicht übersehen werden durfte.

Lassen wir A. das Vergnügen, noch ein wenig von ihren Festen zu reden. Es war ihr besonders wohl, wenn Menschen an ihrem Tisch sassen und sie die Suppe austeilen konnte. Es gab an A.'s Tisch notwendigerweise immer einfache Speisen, aber immer etwas zuviel, darüber wird später das Kind, gross geworden, immer ein wenig lachen, wird es typisch finden für seine so geartete Mutter. Eine Zeitlang allerdings, als er sich vom Tisch zu Hause und den dort geübten Gewohnheiten befreien will und deshalb sein Heim kritisiert, empfindet er diese etwas zu grosse Gebärde seiner Mutter, den Menschen, die zu ihr kommen, Essen und Trinken anzubieten, als Zwang, Herrschsucht, als unangebrachte Forderung, die anderen gefügig zu machen. Er erinnert sich wohl nicht mehr daran, dass es im kargen Haushalt nur an Samstagen ein wenig Fleisch in der Suppe gab und auch dieses Stück streng aufgeteilt werden musste unter der Zahl der Esser.

Das Kind hatte seinen Namen, es hatte sogar drei, nach den Vorschlägen seines Vaters. Sie auszusuchen, daran war A. wohl nicht so interessiert gewesen. Sie war, damals in England, viel zu stark gefangengenommen vom Wachsen des Kindes in ihr, da horchte sie hin. Und musste sich aus diesem merkwürdig grossen Schlaf immer wieder selbst aufrütteln und daran denken, wie alles zu ordnen sei für das Kind und sich selbst. Ihr Leben war umgestülpt, unter total veränderten Umständen galt es für A., sich zurechtzufinden. Wenigstens etwas könnte der Vater zu Hause in der Schweiz tun. Er schrieb auch, in schöner grosser Schrift, die etwas zu regelmässig war, um spontan und schwungvoll zu wirken, je drei Namen auf, für ein Mädchen und für einen Knaben. A. war's zufrieden, sie hatte dann ohnehin Dutzende von Zärtlichkeitsnamen für den rosaroten Säugling.

Die Cousine, die als einzige Verwandte unvoreingenommen zu A. kam, sich als Patentante anbot, praktisch mit Ratschlägen eingriff – jeden Tag raus mit dem Kind, das ist wichtig, an die frische Luft –, aus dem

Kleiderfundus ihrer eigenen vier Buben bewährte Stücke brachte, gab zu verstehen, dass ein Kind mit sechs Monaten am schönsten sei, um zur Taufe getragen zu werden. Das Taufkleid würde ihm in dieser Zeit am besten stehen, es sei dann auch Juni, die Zeit der Rosen, rundherum alles grün und heiter, ein halbjähriges Kind sehe dann auch schon recht hübsch ausgefüllt aus, ein richtiges rundes Taufkind.

Nach sechs Monaten, als die Rosen blühten, wurde das Kind ein Taufkind. Die Rosen waren da und das Kleidchen, und der Nachbar hatte zu A. gesagt, als sie das Kind aus dem Wagen die Treppe hinauftrug: «Jetzt bekommt das Bübchen ja schon ein Gesicht.» A. war erfreut und beleidigt, erfreut, dass man das Kind beachtete, beleidigt, weil das Bübchen schon lange ein Gesicht hatte, das schönste, einzige.

Die Familie, die den gleichen Namen trug, organisierte die Taufe, das war alles fraglos und geschah ohne Kampf. Vielleicht auch ohne Überlegung, weil ohne Anstrengung etwas geschah, zum frohen Nutzen des kleinen Bürgers, er sollte aufgenommen werden in eine grössere Gemeinschaft, da die kleine so wenig Gesten der Aufnahme zu machen bereit war. In der Aufregung wurde der geschmückte Täufling, das Wickensträusschen war schon befestigt, das Häubchen aufgesetzt, auf ein Bett gelegt, zum Abholen bereit. A. als Mutter würde das Kind tragen. Die Grossen machten sich für den Kirchgang fertig. Der eine der Vettern, ein Junge von elf oder zwölf Jahren, sah das einsame Kind auf dem Bett, der Mittelpunkt der Aufregung und Zurüstung, aber allein gelassen, abgelegt. Er schob ihm ein Kissen unter den Kopf, damit es besser liege. A. beobachtete es dankbar. Wie oft hatte sie, in dem Dorf, in dem sie

eine Zeitlang wohnte, unglücklich, ohne Zusammen-
hänge, vom Krieg angeschwemmt mit einem Ehemann,
der immer fremder wurde, im sonntäglichen Gottes-
dienst das Gemeindelied gesungen, wenn Kinder zur
Taufe getragen wurden:

«Breit aus die Flügel beide,
oh Jesus meine Freude,
und nimm dies Küchlein ein,
soll Satan dich verschlingen,
wir lassen Engel singen:
dies Kind soll unverletzet sein.»

Je stärker sie sang, desto grösser würde der Schutz für
das Weissgekleidete da vorn, davon war sie fest überzeugt. Und jetzt sollte eine Gemeinschaft in einer Kirche, zu der sie zwar nicht gehörte, sollten Unbekannte
den Walter aufnehmen, so, ohne ihn und die Umstände
zu kennen, in christlicher Nächstenliebe.

Die gehobene Stimmung, die Geborgenheit, dauerte
genau so lange wie der Gemeindegesang. Die Rosen
vom Taufstein wurden weggetragen, der Täufling seines
weissen Kleides mit dem Wickenstrauss entledigt. A.
fuhr das Kind im Kinderwagen nach Hause. Am Quai
spazierten viele Menschen, gingen plaudernd auf und
ab. Niemand merkte, dass im Wagen ein soeben getauf-
tes kleines Kind lag, dass seine Mutter es ansah, ent-
zückt, aber zugleich wusste, jetzt fängt das Alleinsein an,
das Auf-sich-gestellt-sein einer Mutter und eines Knaben.

Nach fünfzehn Jahren rüstete A. selber zu einem
grossen Fest. Das Kind, ein aufgeschlossener Bub, war
mit Eifer in den Unterricht im nahe gelegenen Münster
gegangen, das Konfirmationsfest nun die Krönung der
gläubigen Jahre. A. förderte das Datum, bevor Zweifel

an der Wahrheit christlicher Verkündigung das Vertrauen in die Kirche das junge Gemüt überfallen würden. Einladungen flogen in die Welt, Philipp Walter Andreas' Eintritt ins Erwachsenenalter sollte gefeiert werden. Der geliehene schwarze Anzug des um drei Jahre älteren Vetters erwies sich in den Ärmeln als etwas zu kurz, aber es war nicht so störend. Alles Geld wurde zusammengelegt, um das beste Essen, den besten Wein herbeizuschaffen. «Ich weiss nicht, ob ich komme», bemerkte A.'s Mutter, «man merkt ja dann in der Kirche, dass ein Vater fehlt.»

«Mach ganz wie du willst, eingeladen bist du», erwiderte scharf die Tochter. Viel an Territorium war in den letzten Jahren gewonnen worden, sie fühlte sich stark genug, genau so zu handeln, wie sie es fürs Kind am richtigsten hielt. Und das Kind sollte umgeben sein von einer Grossfamilie, aufmarschieren mit dem ganzen Tross in der Kirche.

Eine Fernsehsendung fiel auf den Samstag vor dem Konfirmationstag. Das hiess 750 Franken in bar. A. hatte nie ein Budget machen können, sie rechnete auch nicht aus, was ein Essen für 17 Personen kosten würde. Einmal sollte geschwelgt werden, ein Koch wurde eingestellt, der brachte das Essen mit und servierte mit hoher Mütze. Wein: nur bewährte Marken kämen für den Anlass in Frage. Der Patenonkel reiste an, die nächsten Verwandten von A., Freunde, die sich um die Erziehung des Kindes bemüht hatten. Der Vater fehlte. Es fehlte auch Carlo, er hätte, als Freund der Mutter, auch nicht auftreten können, er hatte überdies familiäre Verpflichtungen. Er zeigte sich etwas verwundert über das Getue von A., die das unterste zuoberst kehrte, gab dann aber zu, dass das wohl für A. ein wichtiger Tag war. A. sah den Tag weniger als einen verdienstlichen Tag, wo die Bemühungen dankbar gefeiert werden sollten, sie wollte die Einladung als Freudenfest sehen, als einen Tag, an dem weder gespart noch gezählt werden müsste, einen Tag, an dem einen keine materiellen Grenzen einzuengen hatten, ein paar Stunden, wo nur genossen, gefeiert, getrunken und gegessen werden sollte. Und keine Ermahnungen zum Rechttun fielen.

A. erinnert sich an das volle Haus. Und an die Freude, den Tisch zu decken, alles erst am Samstagabend, die TV-Sendung hatte bis 18 Uhr gedauert. Zum Glück waren die Vettern schon anwesend, denn nun mussten die Zimmer geräumt werden, Möbel wurden geschoben, Tische herbeigeschafft, Stühle aus der Frankengasse geholt, Tischtücher bei der Jurassierin an der Schoffelgasse, der Blumenschmuck war bereit. A. weiss nicht, ob es für den Knaben auch so ein Freudentag war, soviel Glanz sich ausbreitete für ihn wie für die Mutter.

Am neunten Tag,
Eukalyptus und Fingerhut

«Amapola» heisst Mohn; die Mohnfelder hatten wir hinter uns gelassen, auch den violetten Klee und die Esparsetten am Wegrand. Über tausend Kilometer waren wir im Reisebus durchgerüttelt worden, ein Häuflein Reisender, waren an die Westküste gekommen, es blies über eine tiefe Bucht, die hinausführte zum Atlantik. Hohe Eukalyptusbäume und Fingerhut, viele dunkle Fingerhutblumen sichtbar zwischen den Stämmen. Hedwig fühlte sich an Irland erinnert und erzählte von ihrer Rundfahrt dort. Wo war sie nicht gewesen? Immer neue Aufbrüche, Hoffnungen, die sie wohl mit Rosy teilte. Rosy, die sich neulich die Rose hinters Ohr gesteckt hatte, spanisch aussah, aber nun ihre Leidenschaft wieder nach Hause mitnehmen, in die Kleinstadt, ins Familiengeschäft zurückbringen würde. Und Hedwig würde im Büro — bevor die internationalen Kunden ihre Nummern durchtelefonierten und Aufträge gaben, und jeder Gedanke in ihrem Kopf dahin ging, keinen Fehler zu machen — ihrer Kollegin von Spanien erzählen. Rosys Reisebuch übrigens war fertiggestellt und hatte schon die Runde gemacht und war in seiner Buntheit bewundert worden. Mein gutaussehender Banknachbar schwieg sich weiter aus, ging zwischendurch schlafen auf die leere Sitzreihe, gestand dann aber, er sei froh, dass er sich anschliessend eine Ferienwoche reserviert hätte, er werde im eigenen Bauernhaus die gewaltigen Eindrücke verarbeiten. Don Antonio sprach nur noch, wenn wir an sehr Auffälligem vorbeifuhren, einer halbfertigen Brücke über die Bucht etwa, sonst wandte er sich jetzt meistens an den Chauffeur, Don Pepe, mit dem zusammen

er bald nach Madrid zurückreisen würde und auf dessen Fahr-
willigkeit er angewiesen schien. Antonio wollte möglichst rasch
wieder in Madrid sein, zu Hause, wo eine Schwester für ihn
sorgte. Don Pepe hingegen in der stets sauberen Pullmann-
Uniform wollte die Rückkehr hinausschieben, denn würde er
sich in der ersten Tageshälfte zeigen, würde man ihm nachmittags schon wieder eine Tour zuteilen, eine Stadtrundfahrt oder
ähnliches. Der Theologe unter uns, für den die Reise eine
Pilgerfahrt gewesen war, so wenigstens nahm er das für sich
selber an, erzählte, dass ihm die Figur des Jacobus maior schon
vorher vertraut gewesen sei, er habe sie studiert und erforscht,
die Arbeit sei geschrieben, und nun habe er auf Schritt und
Tritt die Bestätigung dessen gefunden, was er sich erarbeitet
und eigentlich schon gewusst hätte.

Tina, heute abgewandt von ihrem Sepp – oder besser, Sepp
hatte sich demonstrativ auf einen freien Platz allein hingesetzt,
war wohl ermüdet im Freundlichsein, Auskunftgeben, Bereit-
sein und Lächeln und Passendaussehen –, Tina also machte
ein neues fast trotziges Gesicht, sie hatte entdeckt, dass sie
eigene Augen hatte und eigenen Geschmack, dass sie sagen
durfte, was sie fühlte, dass sie fragen konnte, ohne für dumm
gehalten zu werden, und dass sie noch viele Jahre vor sich
hatte, um sich baugeschichtliche Kenntnisse über Kathedralen
anzueignen. Sie wollte lernen. Dazu hatte sie Giovanna, die
Unermüdliche, ermuntert, sie auch vorsichtig gefüttert mit
Brocken aus ihrem grossen Schatz an Wissen, ihr gezeigt, was
sie später, nach der Reise, allein würde aufpicken können, ihr
Mut gemacht zu einer eigenen Entwicklung.

Die Ehepaare sassen stumm, etwas ermüdet, aber heiter. Sie
hatten sich im Augenblick nichts zu sagen, hatten aber auch
der Gruppe nichts mitzuteilen aus dem gut umzäunten Gebiet
ihrer Zweisamkeit, die Barrieren waren heruntergelassen, die
Grenzpfähle fest; wer sie störte, betrat Feindesland. Nur die

B.'s lächelten freundlich. Herr B. dachte noch immer an den Unfall, an das Pflaster am Bein seiner Frau, und wie gut, reinlich und gratis sich alles gelöst hatte trotz Krankenwagen und Arztbesuch. Die beiden hatten, am Ufer des atlantischen Ozeans, unter der Sonne, an userm Ruhetag, zugegeben, dass dieser Ausflug über den Jakobsweg ihnen nur möglich war, weil sie so sehr für die AHV geschuftet und gespart hatten. Frau B. wäre am liebsten noch ein paar Tage hiergeblieben, im vornehmen Hotel, hätte sich gern in einem Liegestuhl ausgeruht, ein gutes Buch zur Hand. «Aber es geht nicht, wegen meinem Mann», erklärt sie, «er ist zu unruhig, er kann nicht stillsitzen, nicht in Ruhe etwas lesen.» Das komme davon, weil er sein Leben lang so viel habe herumfahren müssen, immer bereit, neue Aufträge heimzuholen.

Das amerikanische Paar freute sich auf sein Haus auf der Südseite der Alpen, die Kinder würden bald zu Besuch kommen, und auf dieser Fahrt hatten sie sich genau eingehandelt, was sie sich vorgestellt hatten, zu einem rechten Preis und ohne unerträgliche Gesellschaft, im Gegenteil, sie war angenehm gewesen, und man hatte in so kurzer Zeit eine Menge Informationen über Nordspanien bekommen. Den Süden kannten sie, blieben das mittlere Spanien und Salamanca.

Die H.'s gaben sich am unnahbarsten, deckten am wenigsten auf, es gab da wohl auch nicht viele Geheimnisse ausser den redlichen Klischees eines schweizerischen Akademikers.

Giovanna hatte die Augen geschlossen, sie war so weit, dass sie weder den äussern noch innern Bildern standhalten konnte. Ihre kunsthistorischen und literarischen Masse und Vokabeln reichten nicht mehr aus, das auszudrücken, was sich in ihr abspielte, das hatte sie, auch am Atlantik unter der Sonne, erzählt und zugegeben, wo ein Zittern der Stimme, eine Bewegtheit in der Erzählung, die man nicht zugeben wollte, im Geräusch der Brandung an die Felsen des Monreale für die

Zuhörende von vornherein untergegangen war. Sie hatte doch geglaubt, dass die Zuneigung ihres ausgeglichenen, zufriedenen, ihres kultivierten und hochangesehenen Ehemannes, der Erfolg ihrer strahlenden begabten Kinder, das Haus, gefüllt mit Kunstgegenständen, der Garten voller Rosen sie zur glücklichsten Frau auf Erden machen würden. Jetzt hatte sie neue Seiten an sich entdeckt, gemerkt, dass sie eigentlich immer alles den andern zuliebe getan hatte und nicht mehr wusste, was ihr gefiel, welches ihre Neigungen waren, und ob sie dem Bilde, das die andern von ihr hatten und sie von sich selbst, dem Bild der schönen klugen Giovanna, so ganz und wirklich entspräche? Sie hatte Tränen gehabt, als sie mir erzählte, dass der gepriesene Weg ins glückliche Zuhause ihr nicht mehr als einzige Möglichkeit vorkomme; dass sich ihr Zweifel aufgetan hatten, sogar Nebenwege sichtbar geworden waren, machte sie erträglicher für mich, ich mochte sie plötzlich ganz gern.

Der feine Signor Paolo, leise lächelnd und immer Freundliches zu tun bereit, hatte am achten Tag von seiner Frau erzählt, deren Tod er aber nie aussprach, so nahe ging er ihm wohl noch. Aber er berichtete aus glücklichen Tagen in Italien, von selbstverfertigtem Leinen und vor allem von den prachtvollen Spitzen, die seine Frau gesammelt, deren Muster sie nachzuhäkeln verstanden hatte, wie sie die verschiedenen Zeichnungen des Fadens hatte unterscheiden und junge Mädchen hatte unterrichten können. Selbst sammelte er Keramik, nämlich Töpfe, aber nur solche, die zu irgend einem Nutzen und täglich gebraucht worden waren. Er versprach, uns alle einzuladen und uns seine Sammlung zu zeigen. Die Textilien und die Spitzen hatte er nur Hedwig und mir anvertraut, mit noch mehr Menschen darüber zu sprechen hätte ihn selbst verletzt.

Nun war der Augenblick da, den Reisebus anzuhalten, zum erstenmal zeigte sich der Chauffeur, Don Pepe, etwas *unwillig, er könne doch nicht an einer so ungünstigen Stelle still stehen. Aber es war nun eben so, dass Hedwig noch den kleinen Speicher fotografieren musste, später würden die Schatten fallen, ein Bild zu machen unmöglich. Seit zwei Tagen hatte ich sie auf die lustigen Speicher aufmerksam gemacht, an denen ich den Narren gefressen hatte, die mir näher waren als der singende David am soundsovielten Kapitell. Das war mein Werktags-Fanatismus, das war die Angst vor der falschen Weihe. Die kleinen Häuschen, «horreos» genannt, standen auf hohen Pfosten, damit keine Maus, kein nagendes Tier von unten hinaufklettern konnte, sie wiesen Querplanken auf, damit die Luft durchzöge, hatten ein kurz geschürztes Dächlein, das ihnen eine gewisse Keckheit verlieh, am First ein Kreuz. In den kleinen Speichern wurden die Maiskörner aufbewahrt, belehrte uns Don Antonio, ich nahm gern an, dass das stimmte. Einige horreos waren angemalt, andere sahen grau aus, den Bauern hatte wohl die Ernte zuviel Mühe gekostet, die Kraft hatte nicht gereicht, noch den Speicher schön zu machen.*

Giovanna war verwundert, als ich ihr, anstatt sie zu trösten, Ungereimtes aus meinem Lebenslauf mitteilte. Sie konnte es nur noch englisch aufnehmen, in einem Satz, den sie in England kürzlich gelernt hatte: «How little we know what is happiness for our neighbour.» Ich werde es Ihnen aufschreiben, sagte sie, nachdem ich darum gebeten hatte, mir den Satz zu wiederholen, ich hatte nicht genau hingehört, war über mein eigenes Glück gestolpert.

9

Prozesse

Da stehst du plötzlich vor Gericht. Nichts lässt sich mehr machen. Kein Rückzug ins Private. Die Wohnstube, die doch die Stube des Kindes ist und in der du bestimmend wirktest, auch herrschelig vielleicht, wird herausgerissen aus dem innersten Kreis und ausgesetzt einem Licht, das beleuchtet, was recht ist und was nicht recht ist.

A. war angeklagt. Sie hatte sich einen Anwalt genommen, der sie und ihre Sache verteidigen würde.

Ihre Sache? Sie wollte Ruhe haben für sich und das Kind, keinen drängenden Vater, der auf sein Besuchsrecht pochte, kein beunruhigtes Kind, das dem Vater berichten sollte, was die Mutter so vorhabe und wer denn eigentlich zu Besuch käme? Aber das ist kein Tatbestand, der zählt. Die Juristen suchten nach Handfestem, um gegen den Lärmenden vorzugehen, der Liebe und Anhänglichkeit – eine Zeitlang vergessen, da weltliche Geschäfte und Lust auf Karriere ihn davon abhielten – sich nun ertrotzen wollte und plötzlich auf seine Rechte pochte; auf eine interne Abmachung, einen Vertrag, den die Eltern dieses Philipp Walter Andreas vor neun Jahren miteinander abgeschlossen hatten. Die Alimentenbezahlung wurde gegen Besuchsrecht eingehandelt; A. war damals einverstanden, nur so bekam sie die elterliche Gewalt in dieser ihrer positionslosen, geldlosen Zeit, da ja der Name des Vaters von der Vormundschaftsbehörde nicht genannt werden durfte, der Vater wünschte es dringend. A. hatte sich gefügt, es verstanden, schliesslich, dachte sie, sei das seine Sache, die Sache des Vaters. Und sie beide, das Kind und sie, kämen schon durch. Die grosse Wut kam erst viel später. Damals war ihr die elterliche Gewalt, das Loskommen von der unangenehmen Fragerei der Behörden, derart wichtig, dass sie die Wege, die dazu führten, nicht genau überprüfte, in ihrer Lage nicht voraussehen konnte, dass einmal das versprochene Besuchsrecht eine Last, nicht eine grosse Freude sein würde.

A. sass als Zeugin im Gerichtssaal. Ihre Anwesenheit vor dem Gericht eines andern Kantons wäre nicht unbedingt erforderlich gewesen; eine kleine Neugier war auch dabei, dass A. hinfuhr. Sie wollte sich zeigen, die Richter nicht scheuen. Sie zog ein dunkles Kleid an, das ihr gut stand, betrat mit grossem Herzklopfen das Gerichtsgebäude, dann den Gerichtssaal erhobenen Hauptes, sie brauchte sich nicht zu schämen. Und hatte listig berechnet, dass die Herren Richter die Hälse reckten, weil sie etwas ganz anderes, nämlich ihrer dürftigen Phantasie entsprechend ein leichtsinniges, ein luderhaftes Ding erwartet hatten. Die erwartete Wirkung blieb nicht aus, war aber von kurzer Dauer und doch eigentlich zu teuer erkauft. A. erlebte zum erstenmal Ausgeliefertsein und Hilflosigkeit. Stumm sass sie da. Sie würde noch einmal, nach drei Jahren, im Saal der II. Zivilabteilung vor dem Bundesgericht sitzen, das Gefühl Hilflosigkeit hatte sich zur absoluten Ohnmacht gesteigert: diesmal freilich hatte A. versucht, dem Juristen, der sie vertrat, ihr Anliegen zu formulieren: sei es nicht eine Schande, dass es so weit habe kommen müssen; dass sie nichts anderes wolle, als in Frieden gelassen werden, ihr Kind erziehen, wie sie es bisher getan hatte, nämlich allein. Was war denn so Schiefes dabei, dass hier eine Kleinfamilie leben wollte, die, widrigen Umständen zufolge, aus einer Mutter und einem Kind bestand? Es war eine Sache der Sprache, die schlug alles tot und machte A. zur Stummen, weil sie die Sprache, die vor Gericht gesprochen werden musste, nicht sprach. Die juristische Sprache, die Tatbestände heraufbeschwor, die so gar nicht der innern und äussern Situation dieser A. mit dem Philipp Walter Andreas, ihrem Kampf um eine lebenswerte Existenz entsprach. A. hatte sich immer zurückgehalten, ihren Schmerz als privaten angesehen, mit dem sie allein fertigwerden musste, hatte sich gegen aussen diszipliniert, nicht geschrien, weil sie sich in dieser so eingerichteten Gesellschaft irgendwie im Unrecht fühlte, ihr Recht auf lebbares Glück mit dem Kind nicht öffentlich akkreditiert sehen wollte. Nur verfolgt wollte sie nicht werden, nicht beworfen mit Vorwürfen, wenn er sein blondes Kind nicht auf die Seite ziehen könne, wie er es sich vorstellte.

Es war auch eine Frage der Übersetzung: Der Vater wurde zum Feind, weil er seine Tränen, sein Leiden formulieren konnte, umsetzen in eine Sprache, welche Richter verstehen. Die Ängste eines erschreckten Neunjährigen fürs Gericht juristisch zu übersetzen, davon wollte A. nichts wissen. Sie war entsetzt, als die Gegenpartei Kopien von kindlichen Sätzen an den Vater zu den Akten legte, diese Tat zerbrach die letzten Reste des Vertrauens, die sie in einen Menschen gehabt hatte, der ihr einmal nahe gewesen war. Überhaupt schien vieles in Trümmern, endgültig, das Teuerste zerfetzt am Boden. Würde A. je wieder die Bruchstücke zusammenzusetzen imstande sein? Sie verstand nichts mehr: Was sie tat, schien in Schlechtem aufzugehen: nichts hatte sie mehr gewollt, als behütete Atmosphäre für das Kind, Heiterkeit und Fröhlichkeit in der Stube, damit es gedeihe. Der berufliche Kampf war ein Spiel, um das Nötige für diese Lebensform einzuholen: Wohnung, Haushalthilfe, Essen auch und einige Ausflüge und viel Besuch und ein Klavier. Das kam alles, wie gewünscht, zwar tropfenweise, aber um so mehr geschätzt.

Die Sprache der Demonstration zu erlernen, das ging der A. ab. Sie verpasste die Demonstration. Einmal fuhr sie abends von der Redaktion nach Hause, hatte wohl noch spät ein Manuskript abgeliefert, war müde, freute sich auf zu Hause. Da kam ihr der Fackelzug entgegen, den die Frauen an jenem 1. Februar veranstaltet hatten, um sich für ihr Stimmrecht, für ihre bürgerlichen Rechte mit einem Marsch einzusetzen. Eine Schulkameradin winkte, sie hatte A. auf der Brücke erkannt. A. schämte sich, dass sie nicht im Zug mitmarschierte, denn es war doch ihre Angelegenheit, für die sich diese Mitschwestern einsetzten. Ich demonstriere jeden Tag mit meiner Arbeit, meinem Dasein, sagte sich A. trotzig, und weil sie sich schämte, als Werktätige am Strassenrand zu stehen und den Fackelzug mit wohlwollendem Blick zu begleiten. Ich bin zu müde, auch das noch zu machen, trotzte sie weiter und schob das Private vor. Das Private als Mantel, als Schutz, um sich nicht zu exponieren. Ich exponiere mich mit meiner Lebensart schon genug, cholderte A. und ging nach Hause, um die Gutenachtgeschichte zu erzählen. Aber sie wusste genau, dass etwas nicht stimmte, dass eine Verbindung mit den demonstrierenden Frauen sie gestärkt hätte. Dass sie klarer ihre Situation hätte bedenken, nicht auf ein Wunder hätte hoffen sollen.

Die Annahme, dass ihr und dem Kind soviel Ungerechtigkeit ja eigentlich nicht zustossen dürfte, ihr nicht zugemutet werden konnte, vernebelte die Situation. Sie war im Kriegszustand und setzte sich mit untauglichen Mitteln zur Wehr.

Das zeigte sich erst jetzt, wo A. die Gerichtsakten wieder liest, Urteilsbegründungen miteinander vergleicht, die Aufstellung der Anwaltskosten genau durchsieht und entdeckt, dass sie ja meistens nicht die Angeklagte war, als ihre Sachen vor Gericht verhandelt wurden, sondern ganz und gar die Klägerin. Die Klägerin, die den Vater des Kindes einklagte, weil er seine Alimente nicht mehr bezahlte. Ihn anklagte wegen Hausfriedensbruch, weil er ihre Wohnung gewalttätig betreten hatte, klagte, damit der interne Vertrag mit dem unbeschränkten Besuchsrecht geändert werde. Eingaben, Anklage, das war die juristische Sprache, die A. nicht sprechen konnte und nicht lernen wollte. Sie liess die Juristen gewähren und litt, weil man ihrer Gesinnung so viel Unverständnis entgegensetzte und weil die Auseinandersetzung mit dem Partner nicht privat geregelt werden konnte.

Privat sei doch die Tatsache, dass sie ein Kind habe und sich verantwortlich für den Frieden in der Kinderstube fühle.

Wäre sie mitmarschiert, Schulter an Schulter mit den fackeltragenden Frauen, aufrecht für die bürgerlichen Rechte der Schweizerin sich einsetzend, klaren Verstandes auch, dass nicht nur sie, sondern alle im Zuge Mitmarschierenden Diskriminierte waren: dann hätte sie sich wohl nicht dauernd Vorwürfe gemacht, dass sie es

nicht schaffte mit der kläglichen Einmischung des unehelichen Vaters. Sie hätte eingesehen, dass die Schwierigkeiten nicht nur privater Natur waren. Sie hätte auch
die gerichtlichen Schreiben nicht so sehr als persönliche
Verunglimpfung aufgefasst, sondern sachlich: die Sprache, die da gesprochen wurde, die Wortwahl für die
Verlautbarungen konnte gar keine andere sein. Die
eigene Darstellung des Falles, von A. diszipliniert, nie
wehleidig formuliert, so wie sie sie jetzt nach Jahren in
ihren Briefen an Gerichte, Behörden, psychiatrische
Begutachter wiederliest, hatte damals kein Gewicht,
verpuffte im Leeren, weil die Worte, die sie wählte, um
ihre Realität darzutun, gar nicht verstanden wurden.
Die Realität einer Frau von damals, selbständig im
Beruf, unabhängig als Erzieherin ihres Kindes, wurde
nicht eingesehen. Ihr Fall passte nicht in die Erfahrung
der Leute. A. schrie nie laut, klagte nicht über Ungerechtigkeit, wollte nur Missverständnisse aus dem Weg
schaffen. Sie war selber zu sehr belastet vom «eigenen
Fall», schrieb sich einen grossen Teil der Schuld selber
zu, nahm vieles als Konsequenz ihres eigenmächtigen
Handelns, als Konsequenz, die sie bis zu einem hohen
Grad selber zu übernehmen hatte.

Beim Lesen von Akten, nach 15 Jahren, wieder das
Gefühl der Ohnmacht, des Sich-nicht-ausdrücken-kön-
nens:

«Er (der Angeklagte) ist nicht vorbestraft und steht
gesellschaftlich in gehobener Stellung. Dementsprechend
ist er vermehrt strafempfindlich.»

Von der Empfindlichkeit A.'s in der prozessualen
Auseinandersetzung war nie die Rede. Auch nicht von
ihrer Stellung in dieser Gesellschaft. A. hatte auch nie
darauf gepocht, nie wäre es ihr eingefallen, zu bemer-

ken, dass sie in mehr als zehn Jahren unter schwierigen Umständen sich beruflich so weit hinaufgearbeitet hatte, dass man ihren Namen kannte.

«Das Verhalten von A. ist eine einzige Provokation B. gegenüber.» Nie wurde erwähnt, dass A. sich provoziert vorkam durch das Verhalten des unehelichen Vaters, der so spät sich daran erinnerte, dass er ein Kind hatte.

Dass A. zum Schutze des Vaters die Unehelichkeit dieser Geburt voll auf sich nahm und trotz Drängen der Vormundschaftsbehörde den Namen des Vaters nicht verriet – weil dieser es so wünschte –, wurde in den Gerichtsakten so beschrieben: «A. verheimlichte damals den Namen des Vaters.»

Das alles liest jetzt A. mit Empörung. Sie weiss aber noch, dass sie damals die drei Sätze aus dem Urteil eines kantonalen Gerichtes staunend und dankbar wahrnahm: «Für das Kind ist das Verhältnis zur Mutter, bei der es lebt und die es erzieht, von überragender Bedeutung. Diese Bindung darf nicht gestört werden. Ausssereheliche Kindschaft begründet dagegen nach dem geltenden Recht keine Familienverwandtschaft, sondern nur eine zwar familienrechtliche, aber gleichwohl reine vermögensrechtliche Pflicht.»

Das war, von juristischer Seite, Aufrichten in der Not, das waren Worte, die A. verstand und durch die sie sich und ihre Situation endlich akzeptiert und gerechtfertigt fühlte.

Später war es so: «Die Tatsachen haben sich von der Gefährdung weg zur Aktualisierung durchentwickelt», meldete der neuerdings zugezogene Vormund. Nun war noch nachzuholen die «Prüfung der Frage, ob der Knabe in seiner gedeihlichen Entwicklung gefährdet sei oder nicht.»

Wieder galten die Aussagen der Mutter, ihre nüchterne Erklärung, der Knabe habe Angst vor dem Vater, nichts. Ein Psychiater musste herbeigezogen werden, um in einem mehrseitigen Gutachten zu erforschen, ob die Ängste bestünden oder nicht. Natürlich wies er auch nach, dass zur gedeihlichen Entwicklung eines Kindes der Vater gehöre. Als ob A. das nicht schon längst gewusst und alles versucht hätte, für den Knaben Ph. W. A. eben einen Vater, einen anwesenden zu finden.

Zahlen, Fakten.

Hätte A. zusammenzählen müssen, welches ihre Haushaltausgaben für den Knaben gewesen waren? Es war A. selbstverständlich, dass sie für das Kind ihren Lebensstandard jährlich heben, ihre Einnahmen verbessern musste, um dem intelligenten Kind die Ausbildung zu geben, die seinen Fähigkeiten entsprach. Hatte sie aufgeschrieben, was der Zahnarzt kostete, wie hoch die Klavierstunden sie zu stehen kamen, wie teuer der erste Wintermantel war, nachdem Pelerinen und geerbte Windjacken ausgedient hatten? Der Vater aber gab munter zu Protokoll, er habe, in zehn Jahren, Aufwendungen von 45'000 bis 60'000 Franken gemacht für das Kind.

Ob A. damals hohnlachte, weiss sie nicht mehr. Sie liest in der Berichterstattung einer schweizerischen Zeitung die Rubrik «Aus dem Bundesgericht», in der ihr Fall abgehandelt wurde mit dem Titel «Das Besuchsrecht des ausserehelichen Vaters». Da ist von der Übereinkunft die Rede, welche die Eltern vier Monate nach der Geburt des unehelichen Knaben Ph. W. A. schlossen, in der dem Vater ein uneingeschränktes Besuchsrecht eingeräumt worden war und über die Verhandlungen, dem Begehren der Frau Y. nämlich –

das war A. –, die Übereinkunft abzuändern. Welches Begehren welches Gericht stützte oder ablehnte und von der zweimaligen Berufung des Beklagten ans Bundesgericht. Das liest jetzt A. sachlich und richtig, ohne Auflehnung.

Aber in dieser Gerichtsberichterstattung ist zweimal die Rede vom leidenden Vater (vom leidenden Kind, und darum ging's, war nicht die Rede, nur von den Interessen des Kindes, von der Mutter und ihrer etwas besonderen Situation schon gar nicht; was sie tat, war selbstverständlich, und Muttertum bedeutet auf jeden Fall Glück in der sprachlichen Übereinkunft der Männer). Es wurde dem Mann auch als Grossmut angerechnet, dass er, vom Gericht dazu verurteilt, jetzt monatlich 200 Franken an Alimenten zahlte, also 50 Franken mehr als vorher.

«Der Vater beansprucht ein Besuchsrecht nicht, weil er zahlen muss, sondern weil er sowohl die wirtschaftliche Fürsorge wie die persönliche Verbindung anstrebt, weil ihm, dem vorher Kinderlosen, der Sohn natürlich menschlich viel bedeutet. Dem Besuchsrecht kommt deshalb eine moralische wie rechtliche Schutzwürdigkeit zu.»

Wohl und Interesse des Kindes wurden in den Vordergrund gestellt. Dazu waren psychiatrische Gutachten notwendig. Auch die Mutter, auch A. liess sich psychiatrisch begutachten, sie hatte es ja schon einmal tun müssen, als sie sich das zweite Kind hatte abtreiben lassen. Ein psychiatrisches Gutachten des Vaters zu verlangen, der im Parlament eine Immunität besass, wäre ein Affront gegen den ehrenwerten Staatsbürger gewesen, eine Beleidigung seiner Person. Dass er in seinem Verhalten zu A. und dem Kind krankhafte Züge aufwies, das wurde nie notiert, damit hatte sich A. abzufinden.

«Inwiefern eine Gefährdung des Knaben zwangsläufig und unvermeidlich wäre, ist damit nicht dargetan, zumal das erwähnte bemühende Schauspiel sich kaum wiederholen dürfte.»

Das «bemühende Schauspiel» überschattete das Heim von Mutter und Kind während Jahren, aber davon war nie die Rede.

«Laut Art. 156 Abs. 3 des Zivilgesetzbuches ordnet der Richter das Besuchsrecht des die elterliche Gewalt verlierenden Elternteils. Anderseits räumt Art. 326 Abs. 1 ZGB der Mutter das Recht auf persönlichen Verkehr mit dem ausserehelichen Kinde ein, wenn letzteres sich unter der elterlichen Gewalt des Vaters befindet. Daraus, dass sich das Gesetz über den umgekehrten Fall ausschweigt, kann nicht abgeleitet werden, dem Vater stehe kein Besuchsrecht zu, wenn das Kind der elterlichen Gewalt der Mutter unterworfen ist. Die Einräumung eines vertraglichen Besuchsrecht an den Vater verstösst grundsätzlich nicht gegen die guten Sitten, und es ist nicht widerrechtlich, führte die zweite Zivilabteilung aus.»

A. war der umgekehrte Fall, der weder zu Wort noch zur Darstellung gelangen konnte. Sie hätte im Fackelzug mitmarschieren müssen, um gegen «die guten Sitten» auf Lebenszeit zu protestieren. Vermutlich hat sie es später nachgeholt.

Zehnter Tag,
Santiago de Compostela,
Plätze und Höfe

*Ob ich zu einer Gruppe gehörte, wollte der Kellner im gedie-
genen Hotelpalast wissen; denn Gruppenreisende werden dort
an bestimmte Tische verwiesen, es wird ihnen das Standard-
frühstück erst serviert, wenn alle da sind, Orangensaft muss
extra bezahlt werden. Es stört mich an diesem Morgen, nicht
als einzelne eingestuft zu werden, ich wollte nicht warten,
wollte hinaus, um in den Gassen der Stadt spazierenzugehen.*

*Es war aber nicht zu leugnen, ich gehörte zur Gruppe, war
ja mit ihr gereist, hatte grosse Erlebnisse mit ihr geteilt, sie mit
mir, wir hatten in diesen neun Tagen am gleichen Tisch
gegessen, hatten den Wein des Landes getrunken, ich musste
die Gruppe in Kauf nehmen, sagen, dass ich ein Mitglied
gerade dieser schweizerischen Touristengruppe sei. Hatte die
Gruppe nicht auch mich in Kauf genommen mit allen Ab-
sonderlichkeiten, denn ich hatte wenig zur Unterhaltung bei-
getragen, nie für Stimmung gesorgt mit einem Bonmot in
einem lahmen Augenblick, kein Lied vom Mohn gesungen,
keine Wörter gewusst zum erschrockenen Herodes am Kapitell
von San Miguel in Estella; es war mir nicht eingefallen, wie
es Rosy einfiel, für alle kleine Bananen zu kaufen als Er-
frischung, oder auf langer Fahrt Karamellen zu reichen. (Hatte
auch den Glauben daran verloren, dass solche Handreichungen
unsere stumpf gewordenen Gebärden neu belebten.) Nicht den
geringsten Beitrag hatte ich geleistet. Kein Gedicht war mir in
der Erinnerung aufgetaucht zum kastilischen Licht, kein*

Königsname in Aragonien, und Landschaftsvergleiche zu Irland hatte ich auch nicht angestellt. Im Gegenteil, ich hatte die festgefügten Ehepaare, mit ihrem immer passenden Gesprächsstoff in Hotelhallen über das erfolgreiche Werden ihrer Nachkommenschaft – abgeschlossenes Studium, selbstverständlich, dem eigenen Milieu entsprechende Heiraten –, als eine Institution, die sich nie in Frage stellt, kräftig verachtet. Zwar war ich folgsam zu den Verabredungen der Gruppe gekommen, nie hatte ich die Zeit vertrödelt, auch nicht das Programm durcheinandergebracht. Hatte aber auch nie zu verstehen gegeben, warum ich das Knie nicht beugte vor Jacobus, zu dem wir gepilgert waren: nicht nur, weil ich ungeübt war in diesen Dingen, sondern weil ich abgeneigt war, einen Jünger Christi als Heiligen anzuerkennen, der gepriesen wurde als Maurentöter. War doch, im Namen des Jacobus maior, eine Mauer errichtet worden, um ein Gebiet, das man als christlich, also zum richtigen Glauben gehörig bezeichnete, durch Jahrhunderte gegen jene zu verteidigen, die einen andern Gott anbeteten. Das Schwert im Namen des Kreuzes, das Gebet vergessen, die Kirche eine Festung. Ich dachte an die Räume der Moscheen, die mich beeindruckt hatten, wo die Kuppel als Himmel sich über den Gläubigen wölbt, die demütig mit der Stirn die Erde berühren. Was hätte ich darüber sagen können? Da war ich nun also an der Jakobsfeier nach einigen Reisestrapazen angelangt, eine Törin, die sich angepasst hatte, nur, um in Ruhe gelassen zu werden.

Was konnte ich, was tat ich, was fiel mir zu?

Es gab zu dieser Jahreszeit noch nicht so viele Touristen in Santiago de Compostela. Die Unterkünfte für die Pilger, die in heiligen Jahren den Strom auffangen, standen leer. Nur die Kartenverkäufer bei der Kathedrale, die in ihren Kiosken sassen, und die kleine Reisegruppe, die sich die Himmelpforte erklären liess, zeigten an, dass man sich an einem Ort befand mit Fremdenverkehr und dass Heiligungen, wenn sie geschickt arrangiert werden, heute, wo die politischen Machenschaften der Kirche eingeschränkt sind, wenigstens dem frommen und dem dummen Touristen Geld entlocken. Alle Einfältigen aller Zeiten bezahlen gern für zukünftiges himmlisches Glück.

Indessen waren die Gassen der Stadt verstellt. Es wurde flaniert, ein Gewoge von Menschen auf und ab; Studenten, sichtlich von Examensnöten befreit, trieben Unsinn, sangen; Mütter mit Kindern spazierten, Männer standen an den Bartischen der Cafés. Alle Tische, die weit auf die Gasse vorstiessen, waren besetzt, man sass eng, Stuhl an Stuhl. Harte spanische Laute im Ohr, oft unverständlich; der Fremde wurde so eingehüllt in die Geräusche, zwar allein gelassen, aber doch miteinbezogen.

Es gab Zeitungen zum Lesen, die Pressefreiheit war übers Land gekommen wie ein erfrischender Wind, endlich. Neue Horizonte in Sicht. Der kleine Buchladen oben beim Platz hatte die Reden der Pasionaria und die chilenischen Freiheitsgesänge von Neruda ganz vorn ausgelegt; junge bärtige Männer suchten, wenn Kunden nach Neuerscheinungen fragten, ziemlich eifrig in Kisten und soeben eingetroffenen Paketen danach; wie überall auf der Welt rauchten sie Zigaretten, die herumstehenden Aschenbecher quollen über, und sie passten ihre Bewegungen leicht der Popmusik an, die gedämpft vom Plattenspieler tönte, der zwischen Regalen aufgebaut war.

Ich liess mich treiben, las sinnlos die Preise der zum Verkauf ausgelegten Salate, trat in den Laden, um ein Stück Käse und schwarze Oliven zu kaufen; nur deshalb, weil ernste Hausfrauen drin standen und ihre Besorgungen mit viel Reden begleiteten.

Dann aber die Plätze, das herrliche Gefühl eines massvollen Raumes, die Plaza de España von einem Ende zum andern durchlaufen, die Treppe hinter der Kathedrale ein paarmal hinauf und wieder hinunter, bis die Gangart sich rhythmisch den Stufen anpasst und dadurch, rückwirkend, dem Körper ein neues Lebensgefühl mitteilt. War die Architektur des verschachtelten Platzes zu verstehen? Sie vermittelte Harmonie und half weiter.

Der Körper hat Erinnerungen an Räume, die die Augen längst vergessen haben. Er weiss, wie er sich in Landschaften gefühlt hat, wenn er dahin zurückkehrt, er erkennt wieder am Schritt, wie ein geschlossener Raum ihn umhüllte oder ihn nicht annahm, nicht mit ihm übereinstimmte. Die guten Strassenräume, die überraschend asymmetrischen Plätze in Santiago warfen mich in frühere Räume zurück. Wie hatte ich sie erlebt? Noch einmal zur Westpforte der Kathedrale, zur Figur Adams, der soeben erschaffen worden war, die Hand Gottes auf dem Herzen, eine Ranke dem Körper entlang hinauf; Adam, der erste Mensch, schaut in die Ferne, erschrockene Augen, ahnend, was der Lebensstrom, der soeben in ihn gefahren ist, ihm bringen wird.

10

Der Geburtstag des Kindes

Würde man A. fragen, warum sie ihre Erinnerungen aufzuschreiben versuche, warum sie festhalten wolle, was den Alltag ihres so gewöhnlichen Lebens betreffe, würde sie sich wohl zunächst entschuldigen, sie überschätze das Erlebte keinesfalls, halte es auch nicht für so wichtig, Mitteilung davon zu machen; zu einem bestimmten Zweck und zu Nutz und Frommen der Leser schon gar nicht. Aber dann würde sie meinen: «Ich schreibe, weil es mich wunder nimmt, wie es geschrieben aussieht.»

Offensichtlich will A. aus sich herausstellen, was sie bedrängte, will es durch den Filter des Schreibens klären, durch die Konzentration des Festhaltens besser beobachten. Vielleicht überhaupt erst sehen. Sie dreht dadurch die Dinge ihrer Umgebung immer wieder um, wendet sie, sieht sie von dieser, von jener Seite an, um sie dann plötzlich zu entdecken. Ist das nicht Grund genug, diesen Bericht zu schreiben?

Die Frage bleibt offen, ob vieles verschoben wird durch die Erinnerung. Beschönigt? Die Freuden reiner, das Schmerzliche noch heftiger als damals? Diese Einteilung sowie jede Wertung aber lehnt A. entschieden ab. Ihr geht es nur um eine gewisse Behutsamkeit. Sie war immer so eingespannt in ein Programm, gefordert von Tag zu Tag, dass sie gegenüber den Dingen, die ihr wirklich passierten und nur ihr, nie aufmerksam genug war, die Aufmerksamkeit will sie nachholen. A. ist aber auch überzeugt, dass sie aus den Dingen, die ihr jetzt zukommen, lernen kann und Früheres begreifen, soweit man sein Leben überhaupt in den Griff bekommen soll.

A. lebt längst nicht mehr auf die Daten ihres kleinen Kreises hin, auf den Geburtstag des Kindes zum Beispiel, den sie zu einem schönen runden Erinnerungstag meinte gestalten zu müssen. Fast zufällig stellte sie fest, dass in drei Tagen der Geburtstag des jungen Mannes ist, der ihr Kind war. Der wievielte? Sie müsste nachzählen und lässt es bleiben, es ist der 24. oder 25. Geburtstag, was spielt das für eine Rolle. A. ruft sich zur eigenen Rechenschaft den ersten Geburtstag des Kindes zurück. Er war in der Mitte der Welt. A. hatte den Kleinen zum erstenmal weggebracht, sich getrennt von ihm, weil sie für ein paar Wochen die beiden Métiers, nämlich Pflegerin und Hüterin des Kindes zu sein und ordentliche Artikel termingemäss abzuliefern, wohl nicht mehr zusammenbrachte. Sie erinnert sich nicht mehr an die Erschöpfung, wohl aber an den Aufbruch aus der Stadt, als das Walterchen einjährig wurde: eine Kerze, ein Kuchen, ein gelber Pullover, Frühlingsblumen zu einem Kranz geflochten, der kleine Kranz sollte den Kopf des Bübchens schmücken, herausheben als Feiertagskind aus dem Kreis der andern Ferienkinder. Die fanatische Mutter hatte dann aber genügend Distanz zu ihren Bemühungen und amüsierte sich, weil sie daneben gingen: Der Kranz störte das Geburtstagskind derart, dass es ihn ärgerlich vom blonden Kopf schüttelte, der gelbe Pullover mit Rollkragen erwies sich als unbequem, die Kerze verbrannte die neugierigen Finger, und der Kuchen wurde über den Boden verbröselt, bevor er in artige Stücke verteilt werden konnte.

Und nun sah A. den jungen Mann, der auszog, ein Mensch zu werden, und deshalb auch seine Mutter hatte hinter sich lassen müssen; an einem Vortragsabend hatte sie ihn getroffen und festgestellt, dass er das Haar ziemlich lang trug; es schien frisch gewaschen und hatte einen kastanienbraunen Schimmer. Das hatte A. vorher nie bemerkt. Sie sagt nicht «wenn du es kürzer schnittest, das stünde dir besser», sie fragt sich nicht, von wem hat er wohl diesen Kastanienschimmer? Sie denkt einmal daran, dass diese Farbe sie an das Haar ihrer Schwester erinnert, als diese jung war, aber sie fragt sich nicht, ob diese Farbe vielleicht aus der Familie des Vaters auf den Jungen gekommen ist. Die Familie des Vaters des jungen Mannes kennt sie nicht. Wieviel ist von dort, wieviel von ihr auf den jungen Mann übergegangen? Niemand weiss es; A. kann die Rätsel nicht lösen und will sie auch nicht lösen. Nur der Schnurrbart des Jungen ist missfarbig, fahl, borstig, nicht schmeichelhaft für den Träger. Es geht A. nichts an. Und wenn andere sagen, was für einen empfindsamen Mund hat dein Sohn, dein Sohn sieht gut aus, so geniert es sie nicht, freut sie zwar ein bisschen, aber es geht sie nur noch wenig an. Ist sie verantwortlich für den Teil in seinem Wesen, den sie ihm vererbte, die Unruhe und das Fragen vielleicht, und hat sie dafür gerade zu stehen?

A. weiss nun nichts mehr. Es ist eigentlich wie am Anfang, als sie das Abenteuer einging, ein Kind in die Welt zu stellen, weil sie ein Kleines lieben, hegen und pflegen wollte, sich gar keine Vorstellungen machen konnte, wie das sein würde, aber mit unbändiger Lust durchsetzte, was sie wollte. Das Abenteuer hat sie verändert. Sie weiss nun besser als vorher, dass nichts sicher und verlässlich ist und dass die Stube des Alters und des Alleinseins nicht mit Kindern ausstaffiert werden darf.

Es sind noch Jahre mit Leben zu füllen. Keine Verpflichtungen, keine Hemmung, frei für Radikales. Kein weinendes Kind, das unsichere Unternehmungen wie Wohnungswechsel, Änderungen im Beruf der Mutter, unorganisierte Ferien fürchtete, aber einen jungen Menschen in einiger Distanz, der aufmunternd applaudiert, wenn die Mutter Initiative entwickelt. Die Knechtschaft, die süsse Knechtschaft, in die man sich freiwillig begab, ist aufgehoben.

Söhne, übrigens, sind die einzigen Männer, welche Frauen, ihre Mütter nämlich, zu Taten in Freiheit und Unabhängigkeit aufstacheln, weil sie sie dadurch loswerden. Ehemänner und Liebhaber haben ein Interesse daran, ihre Partnerinnen an die Wiege festzubinden, ins Kinderzimmer einzusperren. Sie gewinnen dadurch an eigener Freiheit, machen Frauen unschädlich. Ihr Tun aber wird gelobt, weil sie ja die Mutterschaft verehren. Solange Frauen Kinderlieder singen, haben sie keine Worte, ihre Unterdrückung zu formulieren. Und wie praktisch ist es, sich als Mutter verehren, sich als aufopfernde Mutter zelebrieren zu lassen.

A. sieht nachdenklich auf ihre Altersgenossinnen, die strickend zuhause sitzen, Pullover für die Enkelkinder entwerfen, Pakete für Geburtstage zusammenstellen und hoffen, dass wenigstens telefonisch ein Dank eintreffen wird mit der Bemerkung, dass die Grösse passe und die Farbe der kleinen Empfängerin genehm sei!

Wenn A. sich noch mit dem Schreiben befasst, einfangen will, wie die Jahre mit dem Kind und fürs Kind waren – ein Lebensabschnitt wie andere auch –, ertappt sie sich beim Gedanken, wie schön es wäre, am

Ende dieses Berichtes die Mutter sterben zu lassen: Abschluss des Mutterdaseins mit dem Tode. Es passiert nicht, weil nichts mehr passiert, wie es in Bilderbüchern steht. Ein Mutterdasein muss zu Lebzeiten abgestreift werden wie eine Haut, die zu gross geworden ist. Aber A. ertappt sich nun dabei, wie sie in die Stadt geht und Geschenke einkauft für das Geburtstagskind. Sie betont: «weil es mir Spass macht», denn der Tag soll nicht zelebriert werden und nicht erinnern an Gewesenes, das ist gegen die Übereinkunft. A. stellt fest, als sie nach Hause kommt und die kleinen Geschenke auspackt, dass es lauter Dinge sind, die der Sicherheit dienen: eine ordentliche Taschenlampe mit Blinkeinrichtung fürs Auto, einen Stoffgürtel mit Reissverschlusstaschen, den man sich um den Leib bindet, auf Reisen, um kein leichtes Opfer der Taschendiebe zu werden. Das Geburtstagskind wird die Mutter auslachen, sofort bemerken, wie typisch die Vorsorge sei, vielleicht auch abwehrend sagen «spinnst du», und dann ist die Mutterrolle wieder aufs Beste eingerichtet. Es wird eine Suppe auf dem Tisch stehen am Abend, Käse und Brot auf einem Holzbrett gerichtet, Rotwein. Der junge Mensch, der dein Kind war, wird nach Arbeitsschluss mit vier, fünf Kollegen – man weiss das nie so genau im voraus – ankommen, sich in der Stube umdrehen, vielleicht bemerken, es sei immer noch gleich schön, er wird der Mutter rasch und sicher die Kameraden vorstellen und dem Mädchen, das zum erstenmal hier ist, wird er sagen «siehst du, hier bin ich aufgewachsen». Die Mutter geht rasch in die Küche, damit keiner merkt, wie froh sie lacht. Dann bringt sie die Suppe auf den Tisch.

11

Die Versöhnung

Am Sterbebett meiner Mutter

Da liegst du nun. Preisgegeben den Blicken zufälliger Besucher, im Bett zwei eines Zimmers der Frauenabteilung im Krankenheim, das zum Altersasyl gehört, in dem du die letzten drei Jahre verbrachtest. Eine Sterbende. «Ich will dann, sollte ich krank werden, nicht in dieses Krankenheim hier», hattest du immer gewünscht, und wir, deine Töchter, hatten die Einweisung in eine angesehene Klinik in der Stadt versprochen. Denn wir haben uns immer deinen Wünschen gebeugt, hätten ja auch keine Worte gehabt, sie dir auszureden, steckte doch deine Überzeugung dahinter, dass du zu gut seist für dieses Krankenheim, es entspreche nicht deinem Stand: warst du doch die Frau B., die früher hierhergekommen war, um nach den armen Kranken zu schauen, voller Mitleid, mit guten Worten und kleinen Gaben. Hier wolltest du gewiss keine Hilfe annehmen. Jetzt keuchst du hier dein Leben aus, den zahnlosen Mund weit offen, eine unschöne Höhle; die Nase tritt scharf hervor, die Stirn fast glatt trotz deiner 90 Jahre. Das Haar haben sie dir liebevoll mit einem weissen Bändel zusammengebunden und, fast kokett, dir die lange Strähne über die Schulter gelegt. Dein Haar ist noch immer fast schwarz. Die Fingerringe wurden dir abgenommen, als die Schwester dich in dieses Bett bettete, sie könnten beim Waschen abgestreift werden, sagte die

Schwester. Sie tat es aber erst, als wir Angehörigen als Zeugen dabeiwaren.

Es war für mich ein Zeichen, dass man deinen Tod in Bälde erwartete. Wir legten die Ringe in deine Handtasche zur Uhr und zum Portemonnaie und deponierten die Tasche im Zimmer, in dem du gewohnt hattest bis vor ein paar Stunden. Die Leiterin des hintersten Gebäudes, der Privatabteilung, hatte dort schon aufgeräumt, den Schrank abgeschlossen, uns gezeigt, wo der Schlüssel liege.

Die Türe steht weit offen. Das geht so vor sich hier, man stirbt nicht allein, nicht eingeschlossen in einem Privatzimmer. Ich habe die leise Tätigkeit draussen auf dem Korridor gern, sie verbindet die Kranken mit den Pflegenden, die Besucher mit dem ganzen Betrieb. Und ich bin nicht so isoliert am Bett meiner Mutter, mit der ich keine Verbindung mehr habe, keine mehr werde aufnehmen können. Aber alles ist nun zu bedenken, was war, und wie es nun endet. Ich schaue auch zum Fenster hinaus, aufs Areal, auf die Wege, wo du frühmorgens spaziertest, aufrecht und hastig bis in die letzten Tage. Ich sehe hier vom zweiten Stock aus direkt in den geschlossenen Hof, wo die verrückt gewordenen Patienten spazieren gehen können, die, die man nicht unbeaufsichtigt lassen darf, die, die gewalttätig werden oder schreien in der Nacht. Ich kann auch die Schreinerei sehen mit den Bretterbeigen, weiter weg liegt der Friedhof mit den regelmässig gesteckten kleinen Kreuzen. Kahle Birken, nur eine Weide blüht. Und dort das gelbe Bäumchen, vielleicht ist es eine Kornelkirsche. Der Wind streicht über das flache Land.

«Es hat viel Bise hier», pflegte die Mutter zu sagen, oder «es bläst ein wüster Luft vom See her», und dann anschliessend sofort: «Eigentlich gehöre ich nicht hier-her», und wenn wir an Krüppeln vorbeigingen, «warum bin ich eigentlich hier?». Fragen, auf die man als Toch-ter ausweichend, mit schlechtem Gewissen, beim zwan-zigsten Mal mit Ungeduld antwortet. Erst im letzten Jahr stieg kein Ärger mehr in mir auf, und ich versuchte freundschaftlich zu antworten und ohne auszuweichen.

«Potz Tausend», bemerkt die Bettnachbarin, «schläft Ihre Mutter aber tief.» Sie ist ein Koloss von hundert-dreissig Kilo; wenn sie sich von der einen Seite auf die andere dreht, wendet sich ein Berg. Ich lese ihren Na-men auf dem Krankenblatt über dem Bett, weil ich ihn, als ich mit der Krankenschwester zum erstenmal in dieses Zimmer gekommen war, nicht verstanden hatte; und, ein wenig aus Verlegenheit – was gäbe es zu reden mit der Patientin, die nun zufällig in den Stunden der Abrechnung und des Todes im gleichen Raum sein wird? – frage ich, wie denn der Vorname laute, der mit M. angegeben sei? «Ich heisse Marie, sie sagen mir Miggeli, das ist doch lieb, nicht wahr?»

So ist es. Meine Mutter wird keine Bemerkungen mehr machen zur dicken Frau im Nebenbett, Bemer-kungen, die wir immer so gefürchtet hatten, weil sie, auch in ihrer Schärfe, meistens voraussehbar gewesen waren. Aber ich bin Frau T. dankbar, dass sie das ras-selnde Keuchen nicht stört, dass sie aufpasst, wenn es leiser wird, die Schwester alarmiert, wenn die Kranke unruhig werden sollte. So verspricht sie es zu tun, wenn sie zu mir sagt: «Gehen Sie doch zwischendurch ein wenig an die frische Luft, oder etwas essen. Haben Sie überhaupt schon gegessen? Sie haben doch sicher noch nichts gegessen.»

«Sie leidet nicht, Ihre Mutter», versicherte der Arzt,

«es ist schlimmer für Sie, zum Zuschauen, als dass es für die Kranke schlimm wäre.» Ich bin nicht so ganz sicher, und ich bitte Frau T., doch das Radio etwas leiser zu stellen, Radiomusik hat meine Mutter gehasst.

Ich weiss jetzt aber auch, dass ich im Augenblick an gar keinem andern Ort auf der Welt sein möchte als hier, genau hier, am Bett meiner Mutter. Ich möchte ihr etwas zuliebe tun, ihr das Sterben erleichtern, das unaufhörliche Röcheln unterbrechen. Die linke Seite ist gelähmt, meldete die Schwester; wenn ich aber die rechte Hand der Kranken, die manchmal zuckt, in meine Hand nehme, sie auch leicht streichle, scheint es sie gar nicht zu beruhigen. So war es immer, sie hat sich uns immer entzogen, die Mutter, Zärtlichkeiten wurden nicht ausgetauscht. Ich beneide die Betreuerin meiner Mutter um ihre Gesten: Frau F. kommt in ihrer Freistunde mit dem Velo rasch von der Privatabteilung hierher, um nach der Kranken zu schauen, wird in dieser Woche auch keinen Abend auslassen, um ihr Gutnacht zu sagen, so wie sie es immer getan hat. Sie rückt dann irgend etwas zurecht, zum Beispiel das Bettjäckchen, sie dürfe doch nicht auch noch frieren, unsere Frau B., oder sie streicht meiner Mutter übers Haar und meint zu mir: «Sie wachsen einem eben doch ans Herz, die alten Leute» und übersieht das Misstrauen, das ihr meine Mutter sicherlich oft entgegengebracht hat.

Jetzt und in der Stunde unseres Ablebens.

Verängstigt, hilflos hatte mich meine Mutter angeschaut, als ich sie − war es vor ein paar Stunden, vor vielen Tagen? − zusammengekrümmt auf dem Teppich vor ihrem Bett, vom Schlag getroffen, gefunden hatte, lallend mit dem Munde mahlend, mit der rechten Hand andeutend, dass sie sich an der Schläfe verletzt hatte

143

beim Aufprall. Ich holte Hilfe, wir hoben meine Mutter aufs Bett, ich sah sofort, dass der Tod nahe war, ich wollte ihr beistehen, weil sie so unglücklich und voller Angst schien. Dann aber zog sie den Arm der Frau F., die ihr gerade die Bluse öffnete, an sich, gab zu erkennen, dass sie für unsere Hilfe dankbar sei. Innert kürzester Zeit war dann auch die Krankenschwester vom nahen Krankenheim da und ordnete an. Eine fahrbare Bahre wurde hereingeschoben und die nun völlig Bewusstlose wurde rasch ins Krankenheim gebracht.

Ich als die entfernte Tochter, die oft abgeschriebene, enttäuschende fühlte mich ausgezeichnet, dass ich dabeisein durfte bei den Hantierungen für den letzten Gang eines Menschen, der meine Mutter war. Vielleicht geworden war, endlich, nach langen Jahren des Missverständnisses und des Haders. Die Vorbehalte waren weggeräumt worden, eigentlich erst, seit meine Mutter aus ihrer gewohnten Umgebung gefallen, nicht mehr den stolzen eigenen Haushalt, in dem sie mächtig regiert hatte, zwischen ihre Gerechtigkeit und uns, ihre Familie, legte. Keine Ansprüche mehr.

Die Stube am jetzigen Wohnort war eng, aber nicht so, dass sie nicht eines ihrer schönen Möbel hätte mitnehmen, Vertrautes aus ihrem eigenen Heim hätte aufstellen können. Die Mutter hatte alles abgelehnt, starrköpfig. Nur die Kartonschachtel mit Fotos, vielen Bildern aus glücklichen Zeiten, wie sie sagte, hatte sie immer zur Hand. In meiner Erinnerung waren die Zeiten nie glücklich gewesen, sondern immer beschwerend und zerrissen. Aber bei meinen Besuchen sah ich immer die Fotos durch und liess mir von meiner Mutter alle Verwandten und alle Situationen erklären. Und jetzt im Nachhinein las ich doch glückliche Augenblicke aus den Momentaufnahmen, einem Picknick auf der Juraweide, einem steifen Gruppenbild vor unserem Haus damals. Und dann hatte die Mutter noch ein Spielbrett bei sich, es trug auf der Unterseite die Jahrzahl 1884, war übermalt mit den Initialen ihres Bruders, und man konnte lesen, dass das runde Brett 70 Centimes gekostet hatte. Das Brett hatte 33 Löcher, in die man farbige Glaskugeln steckte, ein Loch blieb frei, durch Überhüpfen konnte man das Feld freispielen und gesiegt hatte man, wenn eine einzige Glaskugel zurückblieb. Die andern versorgte man in der schwarzen Rille am Brettrand und konnte sie mit dem Finger rundherum laufen lassen, es gab einen hellen Lärm, wenn die Kugeln aneinanderstiessen, als Kinder hatten wir das wild betrieben. Wenn der Gesprächsstoff ausging bei meinen Besuchen, griff ich zum Chlügger-Spiel, versetzte rasch die Kugeln, und jedesmal wurde meine Mutter ganz friedlich und sagte: «Wie gut du das noch kannst.»

Die guten Augenblicke waren selten, ich sammelte sie ein als Kostbarkeiten und setzte sie gegen alles, was gestört und unser gegenseitiges Auskommen so schwierig gemacht hatte. Wie oft hatte ich gewünscht, dass meine Mutter früher aus meinem Leben verschwunden wäre, die bedrückenden Probleme nicht mehr da wären.

Jetzt und in der Stunde unseres Ablebens.

Hie und da ein Seufzer aus der Brust der Bewusstlosen. Die dicke Patientin nebenan schnarcht auch. Meine Mutter hat die Augen ein wenig offen, der Blick ist blind. Über den Flur andere Betten, andere Zimmer. Nur der Haushalt setzt sich fort, mit einem Apparat wird jetzt der Boden gewischt. Das Bett der Sterbenden vermeidet man, und ich sitze unbeachtet am Kopfende, der Anblick der Kranken ist von hier aus erträglicher.

Ihre Hände werden immer dunkler, die Adern treten nun stark hervor. Die Flüssigkeit tropft regelmässig und bewahrt die Sterbende vor dem Verdursten. Es ist nun schon die sechste Flasche der Infusion, hat die Bettnachbarin vor kurzem festgestellt, das kostet viel, so eine Flasche kostet doch gewiss dreissig Franken. Oder etwa nicht? Ich weiss es nicht, habe ich etwas ungehalten geantwortet. Die kleine Lehrschwester staubt ab, trällert ein wenig, meint zu mir, ja, sie seien alt, die Kranken hier, man hänge aber an ihnen und wenn sie stürben, würden sie einem fehlen. Ich weiss nun auch, dass meine Mutter mir fehlen wird.

Es ist doch der richtige Ort für die Mutter, es ist ein Ort, wo langsam gestorben wird; man ist daran gewöhnt, man ist respektvoll gegenüber diesem Vorgang, man kennt auch die Formen, und die junge Schwester wird mir nach dieser Woche, nachdem ich zwischendurch weggeblieben bin, voller Trauer sagen: «Ich muss Ihnen leider mitteilen, dass Ihre Mutter soeben gestorben ist. Meine herzliche Teilnahme. Möchten Sie Ihre Mutter sehen? Wir haben sie nach unten gebracht, ich komme mit Ihnen.»

Diese letzten Jahre meiner Mutter im Heim, wie immer voller Vorwürfe gegen die Umwelt, die nicht so ist, wie sie gewünscht wird, voller Vorwürfe auch gegenüber uns. Aber das war nicht neu. Wir hatten es ihr, so schien uns, nie recht machen können. Aber war es nicht auch Mode gewesen, das zu betonen, vielleicht eine unsinnige Angst, durch Zufriedenheit auffällig zu werden, das Schicksal herauszufordern, wenn man gestand, dass etwas, wider Erwarten, gut herausgekommen war. Etwa unsere Kinder, die gerade gewachsenen, die ihre Sache recht machten, eine Freude des Herzens?

Nun aber endlich, gegen das Ende hin, doch die Augenblicke der Anerkennung, dass etwas meine Mutter froh machte, Sätze, die ich schlürfte nach Durststrecken des Bangens und die seltsamerweise immer mit dem Wort aber anfingen: «Aber die Gärten hier sind wirklich schön.» «Aber ich geniesse die Spaziergänge.» «Aber der Tobias ist eben ein lieber, und er hat doch so schönes Haar.»

Und viel mehr noch der leuchtende Blick der dunklen Augen meiner Mutter, wenn ich, für sie unerwartet, an die Türe klopfte, sie öffnete, Mama rief und sie sagte: «Ach du bist es, wie schön, dass du kommst.»

Das nehme ich mit für die eigenen restlichen Tage. Auch die Erinnerung an die kurzen Spaziergänge, nachdem man im Schrank die verloren gegangene Brosche gesucht und gefunden, die vermisste Schere an ihren Ort gebracht hatte. Es kam soweit, dass meine Mutter mir bereifte Zweige zeigen wollte, an denen sie sich am Tag zuvor gefreut hatte. Damals dachte ich, es wird doch noch alles gut enden mit der Mutter und auf dem Winterspaziergang zu den Zweigen voller Rauhreif meinte ich heiter: Wie gut, Mutter, dass du das alles so geniessest. Sie wehrte ab, mit fahriger Bewegung und versicherte eifrig, das komme daher, weil ihr Vater und später mein Vater sie auf Ausflüge in die Natur immer mitgenommen hätten. Papperlapapp, wandte ich ein, das ist schon recht mit den Vätern, aber erlebt hast doch du es, die Fähigkeit zum Empfinden hast nämlich du. Die alte Frau errötete wie ein Mädchen und schaute geradeaus.

Das war nun alles auch da im Sterbezimmer, immer mehr da, die bittern Jahre des Heims waren eine Rückkehr der alten Mutter in ihre Kindheit gewesen, sie hatte erzählt vom Garten ihrer Grossmutter an der Schüss, wo weiter oben der Färber seine Tücher geschwenkt hätte und wo sie von der Magd der Grossmutter, dem lieben Elise, verwöhnt worden sei. Ja, das Elise. Und die Ausflüge am Sonntag mit dem Gutschli. Endlich sah ich meine Mutter nicht mehr als enttäuschte vorwurfsvolle Frau, sondern als ein fröhliches Kind, ein schönes junges Mädchen.

Das alles ist aufgebrochen im verachteten Heim, nachdem meine Mutter keine Kraft mehr hatte für ihre schier wilden Ausflüge, Ausbrüche in die Stadt, in der sie ihr Leben verbracht hatte und in der es immer noch irgend etwas zu erledigen, zu besorgen gegeben hatte, in der irgend jemand dringend besucht hätte werden sollen. Ich war voller Mitleid, als die Mutter mir gestand, eigentlich wolle sie nicht mehr ausgehen, verwechsle Strassen und Häuser. «Ich bin schturm», sagte sie dann hässig und begehrte auf: «Ich werde noch dumm, ich werde dumm.» Erst mit der Zeit begriff ich, dass jetzt eine gnädige Zeit für sie aufgebrochen war, so sehr sie sich wehrte, eine gnädige Zeit auch für mich, weil Bilder aufstiegen, wo man lieb zu ihr gewesen war und sie lieb sein konnte zu uns. Auch zu uns, ihren Nächsten.

Endlich war es keine Pflicht mehr, ihr nahe zu sein, der Mutter. Hatte ich nicht immer alles, was mir an Leid widerfuhr, zuerst und immer vor der Mutter verborgen, damit es keine Aufregung gäbe und man sie schone? Zuerst die Löcher im Knie, Verweise in der Schule, später die grossen Schmerzen. So geschont konnte sie ja auch die Erfolge ihrer Kinder und Kindeskinder nicht annehmen, unsere Mutter. Und deshalb ist die Erinnerung gut an den kleinen Zwischenfall, der mir jetzt, hier am Bett der röchelnden Sterbenden als ein Zeichen der Verbundenheit, der Anerkennung und der Liebe in den Sinn kommt.

Ich war nach einer anstrengenden Fahrt zu meiner Mutter ins Heim gekommen und hatte, wohl zum erstenmal – es tut mir leid, Mama, dass es erst dann passierte – meine Erschöpfung und Schwäche zugegeben. Die alte Frau forderte mich energisch auf, zunächst nun auf ihr Bett abzuliegen, mich auszuruhen. Ich gab nach und aus irgendeinem Grund rannen mir Tränen aus den Augen. Ob es meine Mutter sah oder nicht, weiss ich nicht, jedenfalls sass sie ruhig im Stuhl neben mir und strickte. Nur als jemand hereinkam und zum Tee rief, wehrte meine Mutter energisch ab und sagte: «Jetz nid, göht use, my Tochter mues leue» und fügte hinzu: «Sie hets drum sträng gha.» Und ich hörte so etwas wie Stolz aus ihrer Stimme. Und da war ich stolz auf meine Mutter und hatte sie gern.

Laure Wyss im Limmat Verlag

Schuhwerk im Kopf
und andere Geschichten

Begegnungen mit alten Menschen in Vergangenheit und Gegenwart und damit auch mit sich selbst: Laure Wyss formuliert weder Rezepte fürs Altwerden noch Altersweisheiten.

Betroffen und sachlich zugleich schildert sie Erinnern und Vergessen, Schwierigkeiten des Alltags, notwendige Hilfe, Altersheim, Taschenraub, eine beschwichtigende Umgebung. Durch die kurzen, genauen Prosatexte bekommt man eine Ahnung davon, was das Leben im Alter bedeutet und fordert. Manches kommt einem bekannt vor, und doch ist alles ganz anders. Keine Theorien, aber Mitteilungen: Laure Wyss teilt ihr Altern mit uns.

«Es ist wohl noch kaum irgendwo so schonungslos offen, so lapidar, so unprätenziös exakt und doch so ermutigend und tapfer über das Alter und seine Beschwerden geschrieben worden wie im jüngsten Buch der bald 87-jährigen Laure Wyss. ‹Schuhwerk im Kopf› heisst der schmale Band, und gleich schon die Titelerzählung entfaltet den ganzen Reichtum von Laure Wyss' gestalterischen Möglichkeiten und liest sich wie eine Coda, eine Verdichtung der in dem Band angeschlagenen Thematik.» *Der Bund*

Wahrnehmungen

Obwohl sich Laure Wyss in viele ihrer Texte selber einbrachte, wollte sie keine Autobiografie schreiben. Auch ihre Lebenserinnerungen galten den anderen: Menschen, denen sie begegnet war. In den Texten, an denen sie bis zuletzt arbeitete – sie hat sechs hinterlassen –, ging sie auf die Suche nach Erinnerungen und stiess auf Bilder, die sich ihr eingeprägt haben.

«So nehme ich mir heraus, die Bilder, die auftauchen, die ich wahrnahm, die mein Leben veränderten, nachzuzeichnen. Mir fällt dabei auf, dass die Bilder mit Menschen zusammenhängen, die zufällig meinen Weg kreuzten. Sie dürfen nicht vergessen werden. Von ihnen ist die Rede oder das Schreiben.»

«In all diesen Texten, diesen wohltuend unambitiösen Vermächtnissen, registriert Laure Wyss nüchtern, ohne Umschweife, aber dennoch mit gebändigter Emphase. Sie insistiert, fragt zäh nach, springt mit sich selbst unbequem um. Manchmal glaubt man noch ihr schallendes Lachen zu hören, manchmal spürt man ihre kaum verhohlene Trauer und jenen weichen Untergrund des Gemüts. Doch bisweilen entfernt sie sich schon von den umtriebigen Geschäften der Lebenden. So wichtig sind diese nicht mehr in einer letzten Lebenszeit, da sie selbst ‹das heftige Erleben der Gefährdung› spürt. Nur dieses zählt: ‹Die Sterne leuchteten näher. Nun scheint es möglich, dass Ohnmacht Stärke bringt.›»   *Neue Zürcher Zeitung*

Lascar
Mit Tuschzeichnungen von Klaus Born

«Zugegeben, diese Sammlung von Texten unterscheidet sich von dem, was ich früher publizierte. Und vielleicht ist es schon eine Frage der eigenen Jahreszahl, dass ich mir ihre Veröffentlichung erlaube.»

Was so halb entschuldigend klingt, darf getrost ironisch gelesen werden: Laure Wyss' lyrische Prosa besitzt eine geschmeidige Kraft, die den Dingen an ihr Innerstes rührt. Der Abschied vom Kind, ein alter Eukalyptusbaum, eine Tramfahrt oder der Tote am Strand – in allem leuchtet die leise und doch beharrlich gestellte Frage nach der eigentlichen Condition humaine auf. Was sind wir? Wozu sind wir? Und wohin gehen wir? Die Autorin nähert sich ihnen mit dem Urvertrauen in die Sprache, sie zu fassen.

«Untergänge, Übergänge – Vergänglichkeit: Laure Wyss thematisiert die existentielle Heimatlosigkeit gerade auch im vermeintlich Sicheren, Gewohnten der Alltagswelt.»   *Tages-Anzeiger*

«Die stärksten ihrer Texte beschwören private Erinnerungen und Träume, halten flüchtige Lebenseindrücke und -augenblicke fest. Oder sie sind Klagen über die Verluste und die verpassten Gelegenheiten auch eines reichen Lebens. Die Klage bleibt leise.»
Basler Zeitung

Rascal
Mit Kohlezeichnungen von Klaus Born

Auch in ihrem zweiten Gedichtband vertraut Laure Wyss dem Rhythmus der Sprache und des eigenen Gedankengangs.

So entstehen Texte des scheinbar Absichtslosen, Momentanen, Fragmentarischen. Es überlagern sich Nähe und Ferne, Gewesenes und Gegenwärtiges in immer neuen Variationen. Der Erfahrung der Vergänglichkeit, die den dunklen Hintergrund bildet, wird entschlossen eine starke Lebenskraft entgegengestellt.

«Literatur, die keine Zweifel aufkommen lässt, dass Degagement nicht das Gegenteil von Engagement ist, sondern eine verschwiegenere oder auch verschmitztere Form davon.»   *Basler Zeitung*

«‹Drr Rascal› – so nennt Laure Wyss ihren neuen Gedichtband mit dunkler Stimme – will langsam gelesen sein; und wiederholt. Ich weiss nicht, warum er ‹Rascal› heisst, vielleicht weil es ein Anagramm ist von ‹Lascar›, dem Titel des ersten, 1994 erschienenen Gedichtbandes. Aber so, wie Laure Wyss ‹Drr Rascal› sagt, ist es ein Wort wie ein Name und nicht wie ein Titel. Der ‹Rascal› will aber auch lange angeschaut sein, mit den Kohlezeichnungen von Klaus Born. Diese sind nicht nur zur Illustration da, sondern bilden buchstäblich das Bett der Gedichte.»   *WochenZeitung*

Briefe nach Feuerland
Wahrnehmungen zur Schweiz in Europa

Laure Wyss nähert sich dem Verhältnis der Schweiz zu Europa an, wie sie es in ihrer Arbeit als Journalistin immer getan hat: Sie geht dorthin, wo es in der Realität erfahrbar ist, in eine Familie von Ausländern, zu Grenzposten, nach Strassburg und Brüssel. Unvoreingenommen schaut sie hin, sieht, was nicht alle sehen, und erzählt in zehn Briefen an Freunde in Feuerland davon. Hinter dem einzelnen Erlebnis wird das Allgemeine sichtbar, und manches erscheint in einem neuen Licht. Vielfältige Erinnerungen aus einem langen, bewussten Leben mischen sich ebenso in die Beschreibungen ein wie pointierte Aussagen über andere Bücher zu diesem Thema.

Genau registrierte Erfahrungen eröffnen überraschende Einsichten in ein aktuelles Thema. Laure Wyss lässt uns die Schweiz in dieser Welt besser verstehen.

«Sie schreibt Briefe an Schweizer Freunde in Feuerland und erklärt den ‹Fernen, Ausgewanderten› – und sich mit ihnen – was es mit der Schweiz und Europa auf sich hat. Distanz und Nähe – aus diesem Wechsel in der Perspektive gewinnen die Briefe ihre Kontur. Laure Wyss schafft sich Distanz, weil sie der allzu grossen Nähe misstraut ... Sie plädiert nicht leichtfertig für eine Öffnung. Wissen will sie, warum sie es tut. Der letzte Brief endet mit einer Warnung und einer Liste ‹Gegengifte zu faschistischen Entwicklungen›. Dazu gehören regelmässige Übungen in sozialem Mut, dazu gehört das ‹Festhalten am Programm der Aufklärung›. Beides ist Teil von Laure Wyss' eigenem Lebenskonzept – von jeher schon.»
Die Weltwoche

Weggehen ehe das Meer zufriert
Fragmente zu Königin Christina von Schweden

Voltaire nannte sie ein Genie, Descartes gestand: «Ihr Geist ist höchst ausserordentlich, sie hat alles gesehen, alles gelesen, sie weiss alles.» Was ist das für eine Frau, die mitten in den Wirren des dreissigjährigen Krieges Königin wird, nach zehnjähriger Herrschaft abdankt, ihre Heimat verlässt, zum Katholizismus konvertiert und mit Pomp und päpstlichem Segen in Rom einzieht?

Laure Wyss begibt sich in ihren eindringlichen, sensiblen «Fragmenten» auf die Suche nach dem «tiefen Urgrund», aus dem die rebellische Barockkönigin ihre Entscheide traf. Sie begleitet Christina auf ihrer verwegenen Reise nach dem Traumland Italien, klopft an die Tür ihres Palazzos in Rom, lauscht den Gesprächen mit ihrem Geliebten, Kardinal Azzolino, verfolgt ihren Einfluss auf Kunst, Kirche und Politik, ihren Kampf für den Weltfrieden.

Was immer Laure Wyss aus dem fernen 17. ins Licht des 20. Jahrhunderts hebt, erscheint uns geheimnisvoll vertraut – wie am Ende das Leben dieser stolzen, eigenwilligen Frau, Königin Christina von Schweden, die von sich selbst sagte: «Ich bin frei geboren, ich lebe frei, ich werde befreit sterben.»

«Was die Autorin nach sorgfältigen Recherchen vorlegt, sind höchst anregende Bruchstücke einer Individual- und Zeitbiographie ... Es ist ein kostbares Fragment entstanden, das dem Leser eine ungemein inspirierende Lektüre schenkt.» *Luzerner Neueste Zeitung*

«Die Fragmente sprechen für sich und sind lesbarer als eine minutiöse Seelenzugliederung. Die Form dieser literarischen Annäherung ist eigenwillig und gewöhnungsbedürftig, ganz wie die Königin.» *Deutsche Tagespost*

Das rote Haus
Roman

Drei Frauen treffen sich in einem Landhaus in Schweden. Frauen, die sich kühl und verschlossen Gedanken über menschliches Verhalten machen, diese Beobachtungen heimlich zu Papier bringen und voreinander verbergen.

Kristina, die Hausherrin, verkriecht sich in die Küchenarbeit, weil sie die Zuneigung ihres Mannes Henrik zu der kleinen, wilden Malin nicht meistert, weil sie mit den Gästen nicht fertig wird, die sich im roten Haus eingenistet haben. Lisa ist auf der Flucht vor den Ängsten des hereinbrechenden Alters. Sie verscheucht alle Gedanken daran und überlässt sich der Natur, den Sommerwiesen und Wäldern. Martha aber, die Freundin Kristinas, versucht, entscheidende Augenblicke ihres Lebens auf Albumblättern zu fixieren, will sich darüber klar werden, was ihr Leben ausmacht.

Eine Parabel über das Altwerden, über das Schicksal von Frauen, die ihre Hoffnungen nie aufgegeben haben und an denen das Leben vorübergegangen ist.

«Die knappe, präzise, völlig unsentimentale Darstellung des – zumindest auf den ersten Blick – so einfachen Lebens und die damit evozierte Vorstellung dahinterliegender Tiefe: darin liegt wohl primär die Stärke von Laure Wyss.»   *Neue Zürcher Zeitung*

«Am Ende ist etwas zu spüren oder zu erahnen, was man ‹Weisheit des Alters› nennen könnte.»   *Luzerner Neueste Nachrichten*